Norbert Homma / Rafael Bauschke

Unternehmenskultur und Führung

Norbert Homma
Rafael Bauschke

# Unternehmenskultur und Führung

Den Wandel gestalten –
Methoden, Prozesse, Tools

Bibliografische Information der Deutschen Nationalbibliothek
Die Deutsche Nationalbibliothek verzeichnet diese Publikation in der
Deutschen Nationalbibliografie; detaillierte bibliografische Daten sind im Internet über
<http://dnb.d-nb.de> abrufbar.

1. Auflage 2010

Alle Rechte vorbehalten
© Gabler Verlag | Springer Fachmedien Wiesbaden GmbH 2010

Lektorat: Stefanie A. Winter

Gabler Verlag ist eine Marke von Springer Fachmedien.
Springer Fachmedien ist Teil der Fachverlagsgruppe Springer Science+Business Media.
www.gabler.de

Das Werk einschließlich aller seiner Teile ist urheberrechtlich geschützt. Jede Verwertung außerhalb der engen Grenzen des Urheberrechtsgesetzes ist ohne Zustimmung des Verlags unzulässig und strafbar. Das gilt insbesondere für Vervielfältigungen, Übersetzungen, Mikroverfilmungen und die Einspeicherung und Verarbeitung in elektronischen Systemen.

Die Wiedergabe von Gebrauchsnamen, Handelsnamen, Warenbezeichnungen usw. in diesem Werk berechtigt auch ohne besondere Kennzeichnung nicht zu der Annahme, dass solche Namen im Sinne der Warenzeichen- und Markenschutz-Gesetzgebung als frei zu betrachten wären und daher von jedermann benutzt werden dürften.

Umschlaggestaltung: KünkelLopka Medienentwicklung, Heidelberg
Druck und buchbinderische Verarbeitung: MercedesDruck, Berlin
Gedruckt auf säurefreiem und chlorfrei gebleichtem Papier
Printed in Germany

ISBN 978-3-8349-1546-7

# Vorwort

In den letzten Jahren hat es zahlreiche neue Publikationen zum Thema Change Management geben. Der Umgang mit Veränderung ist in vielen Unternehmen als ein wichtiger Faktor für Erfolg und Zukunftssicherung erkannt worden.

Aspekte wie Produktqualität, Innovationspotenziale oder schlanke Arbeitsprozesse, um nur einige zu nennen, spielen in Zeiten des globalen Wettbewerbs und der zunehmenden Leistungsverdichtung eine herausragende Rolle. Mindestens ebenso wichtig ist allerdings die Fähigkeit des Unternehmens, Mitarbeiter und Führungskräfte immer häufiger für neue Aufgaben und Ziele motivieren zu können.

Voraussetzung dafür ist eine Unternehmenskultur, die Werte wie Zuverlässigkeit und Sicherheit, aber auch Eigeninitiative und Veränderungsbereitschaft gezielt fordert, fördert und entwickelt. Bei diesen Werten handelt es sich keineswegs um Leerformeln ohne praktische Relevanz. Sie entscheiden in vielen Fällen über Erfolg oder Misserfolg von Maßnahmen zur Umgestaltung und Neuaufstellung von Unternehmen. Speziell dann, wenn es darum geht, sich von „alten Strukturen und Denkmodellen" zu verabschieden und auf neue Prozesse sowie Arbeits- und Führungsstile einzulassen. Die Fähigkeit einer Organisation, in solchen Fällen schnell und effektiv zu reagieren, ist zu einem entscheidenden Erfolgsfaktor geworden.

Effektives Change Management ist allerdings nur auf der Grundlage einer hoch anpassungsfähigen und leistungsorientierten Unternehmenskultur möglich. Dazu bedarf es einer klaren Vision und einer strategischen Umsetzungsplanung mit systematischem Prozessmanagement. Vor allem aber braucht es Ausdauer, Entschlossenheit und nicht zuletzt Mut, sowohl auf Seiten des Managements als auch der Beschäftigten, den Prozess der Veränderung aktiv voranzutreiben.

Mit dem vorliegenden Buch liefern die Autoren ein „Drehbuch", wie ein Kulturwandel in Unternehmen, gleich welcher Größenordnung, prinzipiell zu bewerkstelligen ist. Für Projekte dieser Art kann es natürlich keine Patentrezepte geben. Die Autoren bieten deshalb dem interessierten Manager oder Projektleiter eine Fülle praktischer Hinweise und Überlegungen, wie das Thema Unternehmenskultur und ihre Veränderung kompetent gemanagt werden kann. Die Lektüre ist vor allem jenen sehr zu empfehlen, die sich bislang (noch) nicht an einen Kulturwandel gewagt haben.

Dr. Wolfgang Plischke  Leverkusen, im Juni 2010
Bayer AG
Vorstand für Innovation, Technologie und Umwelt

# Inhaltsverzeichnis

Vorwort .................................................................................................................... 5

Den Kulturwandel im Unternehmen steuern – Die Rolle der Führungskräfte .................... 11

| | | |
|---|---|---|
| **1** | **Unternehmenskultur – Ein unterschätzter Erfolgsfaktor?** | **15** |
| 1.1 | Unternehmenskultur – Eine Begriffsbestimmung | 15 |
| 1.2 | Unternehmenskultur als wichtiger Leistungsfaktor | 20 |
| 1.3 | Unternehmenskultur als Hindernis bei Veränderungen | 21 |
| 1.4 | Unternehmenskultur – Ein Erfolgsfaktor oder ein Problem? | 27 |
| 1.5 | Fazit: Unternehmenskulturen als Ressource | 31 |
| | | |
| **2** | **Eine adaptive Unternehmenskultur entwickeln** | **33** |
| 2.1 | Was macht eine erfolgreiche Unternehmenskultur aus? | 33 |
| 2.2 | Anforderungen an eine leistungsfähige Unternehmenskultur | 34 |
| 2.3 | Erfolgsfaktoren des Kulturwandels | 39 |
| 2.4 | Ausgangspunkt der Veränderung – Die Menschen in der Organisation „abholen"! | 40 |
| 2.5 | Kulturwandel als Lernprozess | 42 |
| 2.6 | Barrieren gegen die Veränderungen | 47 |
| | | |
| **3** | **Den Kulturwandel managen – Anforderungen an Führungskräfte** | **51** |
| 3.1 | Das mittlere Management – Zwischen allen Fronten | 51 |
| 3.2 | Spezielle Anforderungen an Führungskräfte beim Kulturwandel | 53 |
| 3.3 | Erforderliche operative Kompetenzen | 57 |
| 3.4 | Fazit: Welche Fähigkeiten brauchen Führungskräfte? | 61 |
| | | |
| **4** | **Der Prozess des Kulturwandels im Überblick** | **63** |
| 4.1 | Vorbereitung (1) | 64 |
| 4.2 | Analyse (2) | 64 |
| 4.3 | Konzeption (3) | 64 |
| 4.4 | Roll-out (4) | 65 |
| 4.5 | Nachhaltigkeit (5) | 65 |
| 4.6 | Grundsätzliches zum Thema Kommunikation | 66 |
| 4.7 | Fazit: Der Prozess der Kulturveränderung | 66 |
| | | |
| **5** | **Vorbereitung des Kulturwandels** | **67** |
| 5.1 | Schaffung von Projektstrukturen und Auftragsklärung (1) | 67 |
| 5.2 | Externe Unterstützung eines Veränderungsprozesses (2) | 71 |
| 5.3 | Kommunikation während der Vorbereitungsphase | 74 |
| 5.4 | Fazit: Strukturen schaffen, um den Wandel zu gestalten | 74 |

| 6 | **Analyse – Bestimmung des Status quo** | 77 |
|---|---|---|
| 6.1 | Kontextanalyse (1) | 77 |
| 6.2 | Analyse der Unternehmenskultur (2) | 78 |
| 6.3 | Kultur-Audit-Bericht (3) | 85 |
| 6.4 | Management Review basierend auf dem Kulturbericht (4) | 86 |
| 6.5 | Kommunikation während der Analysephase | 87 |
| | | |
| 7 | **Konzeption der neuen Unternehmenskultur und des Roll-outs** | 89 |
| 7.1 | Konzeptentwicklung (1) | 91 |
| 7.2 | Management Review (2) | 93 |
| 7.3 | Reality Check des Konzepts (3) | 95 |
| 7.4 | Management Review – Finalisierung (4) | 97 |
| 7.5 | Fazit: Die Entwicklung einer neuen Kultur gestalten | 97 |
| | | |
| 8 | **Roll-out** | 101 |
| 8.1 | Vorbereitung (1) | 103 |
| 8.2 | Einbindung der Führungskräfte (2) | 108 |
| 8.3 | Einbindung der Mitarbeiter (3) | 111 |
| 8.4 | Fazit: Die Organisation für den Wandel gewinnen | 113 |
| | | |
| 9 | **Sicherstellen der Nachhaltigkeit – Die klassische Schwachstelle** | 115 |
| 9.1 | Kurzfristig wirksame Instrumente | 116 |
| 9.2 | Mittelfristig wirksame Instrumente | 119 |
| 9.3 | Langfristig wirksame Instrumente | 119 |
| 9.4 | Fazit: Sicherstellung der Nachhaltigkeit | 120 |
| | | |
| 10 | **Die Kommunikation des Kulturwandels** | 123 |
| 10.1 | Kommunikative Steuerung der Kulturveränderung | 126 |
| 10.2 | Kommunikationsrollen während des Veränderungsprozesses | 127 |
| | | |
| 11 | **Zusammenfassung und Ausblick** | 131 |
| | | |
| 12 | **Anhang** | 133 |
| 12.1 | Anforderungen an eine leistungsfähige Unternehmenskultur | 133 |
| 12.2 | Externe Unterstützung des Kulturwandels | 136 |
| 12.3 | Phase 2 – Analyse: Bestimmung des Status quo | 148 |
| 12.4 | Phase 3 – Konzeption der neuen Unternehmenskultur | 154 |
| 12.5 | Phase 4 – Roll-out | 157 |
| 12.6 | Weitere Methoden (Roll-out) | 165 |
| 12.7 | Phase 5 – Sicherstellen der Nachhaltigkeit | 171 |
| 12.8 | Übersicht Phasen und Tools | 175 |

Abbildungsverzeichnis .................................................................................. 177

Literatur ...................................................................................................... 179

Stichwortverzeichnis .................................................................................. 181

Die Autoren ................................................................................................ 187

# Den Kulturwandel im Unternehmen steuern – Die Rolle der Führungskräfte

Die Globalisierung wirtschaftlicher Aktivitäten erzeugt einen enormen Veränderungsdruck für Unternehmen. Mit der internationalen Verflechtung verstärkt sich nicht nur der Wettbewerb, auch die Komplexität geschäftlicher Aktivitäten hat wesentlich zugenommen. Hinzu kommt, dass auch das Veränderungstempo rasant gestiegen ist. Damit befinden sich Unternehmen in einer Situation, in der ihnen immer weniger Zeit verbleibt, auf neue Anforderungen, seien es Kundenerwartungen oder technologische Innovationen, angemessen zu reagieren.

Wie sehen typische Antworten der Unternehmen auf derlei Herausforderungen aus? Sie modifizieren ihre Geschäftsstrategien, verordnen Einsparungsprogramme, optimieren Arbeitsprozesse oder führen noch leistungsstärkere IT Systeme ein. Aber ändert sich allein dadurch bereits etwas Grundlegendes an den Einstellungen und Verhaltensweisen im Unternehmen? Eher nicht! In vielen Fällen haben diese Maßnahmen sogar den gegenteiligen Effekt, indem sie den Grad organisatorischer Komplexität noch steigern. Die Flucht in Strukturen, Systeme und Prozesse stärkt nicht notwendigerweise die Kundenorientierung oder die Reaktionsfähigkeit der Unternehmen. Einer der wesentlichen Gründe hierfür liegt in der unzureichenden Berücksichtigung der Unternehmenskultur und ihres Einflusses auf die Anpassungsfähigkeit von Unternehmen.

Mit der Unternehmenskultur sind grundlegende Werte, Überzeugungen und Einstellungen angesprochen, die in vielen Bereichen ihren Niederschlag finden, etwa im Verhalten der Führungskräfte und Mitarbeiter, aber auch in der Strategie oder im Organisationsaufbau des Unternehmens.

Die ausschließliche Betrachtung von Strukturen, Systemen und Prozessen greift folglich zu kurz. Bei allen Veränderungsprojekten muss der Einfluss der Unternehmenskultur berücksichtigt werden, insbesondere die im Unternehmen vorherrschenden Überzeugungen und Praktiken der Führungskräfte und Mitarbeiter. Sie tragen maßgeblich zur Anpassungs- und Reaktionsfähigkeit einer Organisation bei. Wie gut funktioniert etwa die abteilungs- oder bereichsübergreifende Zusammenarbeit? Wie schnell ist das Unternehmen in der Lage, das verfügbare Know-how zu mobilisieren, um angemessen auf neue Herausforderungen zu reagieren? Wie sensibel reagiert die Organisation auf neue Kundenerwartungen, technologische Innovationen oder Wettbewerberstrategien und wie werden diese Informationen intern genutzt? Oder wie groß ist generell die Bereitschaft (und Fähigkeit) der Beschäftigten, sich auf notwendige Veränderungen einzulassen?

Eine optimierte Kundenorientierung hat eben nicht nur mit der Effektivität des Kundenmanagementsystems zu tun, sondern hängt wesentlich von den Überzeugungen und Praktiken der Mitarbeiter ab. Deren Einstellungen werden nachhaltig von der vorherrschenden Unternehmenskultur geprägt. Und die steckt zu großen Teilen in den Köpfen der Menschen.

Erst wenn es gelingt, die unterschiedlichen Einflüsse der Unternehmenskultur bei Veränderungsprojekten zu berücksichtigen, nimmt auch die nachhaltige Lern- und Anpassungsfähigkeit des Unternehmens zu. Auf längere Sicht gesehen ist es erforderlich, eine adaptive Unternehmenskultur zu entwickeln, um schnelle und effektive Reaktionen zu ermöglichen. Hiervon sind viele Unternehmen noch ein gutes Stück entfernt. Nicht zuletzt, weil es noch immer am Bewusstsein für die Bedeutung der Unternehmenskultur mangelt oder weil man sich unsicher ist, wie das Thema Kulturwandel praktisch in Angriff genommen werden kann.

In dieser Situation fällt den Führungskräften (auf allen Ebenen) eine zentrale Rolle zu. Ihre Aufgabe ist es, das erforderliche Bewusstsein zu schaffen, wichtige Impulse für die notwendige Entwicklungsrichtung zu geben und gemeinsam mit allen Betroffenen Handlungsoptionen zu entwickeln und umzusetzen. Von Ihrem Engagement und Stehvermögen hängt der Erfolg eines Kulturwandels entscheidend ab.

Wir hoffen, mit unserem Buch einen Beitrag zum besseren Verständnis der Möglichkeiten eines Kulturwandels in Unternehmen zu leisten. Mit dem Fokus auf Führungsverhalten sollen insbesondere Führungskräfte angesprochen werden, die sich mit der Notwendigkeit konfrontiert sehen, weitreichende Änderungen – von denen sie auch selbst betroffen sind – im Unternehmen oder in Organisationen umzusetzen.

Das vorliegende Buch gliedert sich in drei Teile: Im ersten Teil (Kapitel 1-2) wird das Thema Unternehmenskultur, seine Chancen, aber auch damit verbundene Probleme, diskutiert und erste Überlegungen zu dem Aspekt des Kulturwandels angestellt. Darüber hinaus werden die aus unserer Sicht zentralen Anforderungen an eine zeitgemäße und „adaptive" Unternehmenskultur skizziert.

Der zweite Teil des Buches (Kapitel 3-11) erläutert die praktischen und methodischen Details des Veränderungsprozesses. Zunächst gehen wir auf die Bedeutung der Führungskräfte ein, welchen Anforderungen sie gerecht werden müssen (insbesondere im Hinblick auf ihre sozialen Kompetenzen) und was konkret ihre Rolle im Prozess des Kulturwandels ist. Danach beschäftigen wir uns im Detail mit dem eigentlichen Veränderungsprozess, wie er geplant und dann schrittweise durchgeführt werden kann. Das Hauptaugenmerk liegt dabei eindeutig auf Themen der Umsetzungspraxis. Wie sieht der Gesamtprozess eines Kulturwandels aus und was muss in den verschiedenen Phasen besonders beachtet werden? Wichtige Punkte sind hierbei:

- Wie erfolgt eine Bestandsaufnahme der aktuellen Unternehmenskultur?
- Welchen Anforderungen sollte die zukünftige Kultur genügen?
- Welches sind die entscheidenden Erfolgsfaktoren?
- Wie kann ein Kulturwandel systematisch im Unternehmen angestoßen und dann auch dauerhaft etabliert werden? Stichwort: Nachhaltigkeit!
- Was kann getan werden, um das im Unternehmen vielfach vorhandene Know-how am effektivsten für die Zwecke des Kulturwandels zu mobilisieren?

- Welche Aufgaben gibt es im Veränderungsprozess und wer übernimmt sie?
- Schließlich: Welche Bedeutung kommt der Kommunikation für die Motivation und Steuerung des Kulturwandels zu?

Diese Themen sind für alle Unternehmen relevant – ungeachtet ihrer Größenordnung – die sich auf den Prozess des grundlegenden Einstellungs- und Verhaltenswandels einlassen wollen (oder müssen).

Schließlich werden im dritten Teil konkrete „Tools" und Methoden für einzelne Prozessschritte vorgestellt, die sich in der Praxis bewährt haben und als Vorlage für die praktische Durchführung eines Kulturwandels dienen können.

Mit dieser Konzeption stellen wir einerseits theoretische Überlegungen und Modelle zur Relevanz der Unternehmenskultur vor. Andererseits bieten wir zahlreiche Hinweise zur praktischen Umsetzung eines Kulturwandels. Diese Verknüpfung wird aus unserer Sicht in vielen der bekannten – und meist englischsprachigen – Werke zur Kulturveränderung nicht ausreichend geleistet.

Das vorliegende Buch ist also in erster Linie als ein „Werkzeug" für Praktiker gedacht. Wir möchten all jenen, die sich der Aufgabe der Kulturveränderung stellen, konkrete Hilfestellung bieten, um die Dynamik von Veränderungsprozessen besser zu verstehen und damit auch steuernd eingreifen zu können. Je früher und kompetenter man sich auf die speziellen Herausforderungen eines Kulturwandels einlässt, desto größer sind auch die Chancen, diesen Prozess erfolgreich zu meistern.

# 1 Unternehmenskultur - Ein unterschätzter Erfolgsfaktor?

Mit dem Anbruch der 80er Jahre rückte das Phänomen Unternehmenskultur immer stärker in das Bewusstsein des Managements. Unterstützt durch empirische Studien im angelsächsischen Raum, setzte sich die Erkenntnis durch, dass nicht nur die harten Faktoren einen wesentlichen Einfluss auf die Leistungsfähigkeit eines Unternehmens ausüben. Vielmehr wurde immer deutlicher, dass auch „weiche" Faktoren – insbesondere die Unternehmenskultur – einen erheblichen Beitrag zur Wettbewerbsfähigkeit der Unternehmen leisten.

Der Begriff der Unternehmenskultur ist heute längst ein fester Bestandteil der Organisationsliteratur geworden, auch wenn er oftmals verwendet wird, ohne klarzustellen, was genau gemeint ist. Bevor wir uns also eingehend mit den Auswirkungen der Kultur auf Unternehmen beschäftigen, wird zunächst definiert, was unter diesem Konzept zu verstehen ist.

## 1.1 Unternehmenskultur - Eine Begriffsbestimmung

Umgangssprachlich bezeichnet die Unternehmenskultur „die Art und Weise, wie wir unser Geschäft betreiben". Dazu gehören unterschiedliche Merkmale: das Betriebsklima, das Führungsverhalten, aber auch Leistungskriterien und Belohnungssysteme bis hin zu Organisationsstrukturen und Abläufen.

Die wichtigsten Funktionen einer Unternehmenskultur sind hierbei:

- *die Abgrenzung gegenüber anderen Organisationen.* Man ist stolz darauf, für Unternehmen X zu arbeiten, auch und gerade weil es sich in vielen Aspekten von Unternehmen Y unterscheidet (z. B. besseres Betriebsklima, angemessener Führungsstil, bessere Anerkennung von Engagement und Leistung). Was für die Abgrenzung von anderen Unternehmen gilt, trifft auch für Unterschiede innerhalb eines Unternehmens zu, beispielsweise was die Zusammenarbeit in der Abteilung Forschung & Entwicklung (F&E) im Vergleich zum Vertrieb betrifft.
- *das Stiften von Identität,* die den Einzelnen als Mitglied der bestimmen Gruppe oder Leistungseinheit ausweist.
- *das Vermitteln von Sinn,* indem attraktive Ziele vorgegeben werden bzw. das Unternehmen oder Teile davon sich in Bereichen engagieren, die für den Einzelnen oder die Gesellschaft von Bedeutung sind.

- *die Stabilisierung von Prozessen,* indem die Unternehmenskultur den „Schmierstoff" liefert, der die Organisation auf der Basis gemeinsamer Werte und Ziele effizient kooperieren lässt.

- *die Kontrolle von Verhalten,* indem der Einzelne bestimmten Normen unterworfen ist und dadurch regelkonformes Verhalten gefördert wird.

Wendet man sich dem Thema Kultur aus wissenschaftlicher Perspektive zu, liefert die vorwiegend englischsprachige Literatur eine schier unendliche Vielzahl von Definitionen.[1] Die kürzeste und eingängigste Formulierung bietet Geert Hofstede. Er versteht unter Unternehmenskultur Folgendes: „The collective programming of the mind that distinguishes the members of one organization from another" (Hofstede & Hofstede 2005: 283).

Kultur funktioniert also im Wesentlichen wie eine Computerprogrammierung, die zur Ausführung bestimmter „Verhaltensprogramme" führt. Mit dem Begriff der Programmierung deutet Hofstede bereits eine zentrale Annahme im Hinblick auf Unternehmenskulturen an, nämlich, dass die für eine Kultur charakteristischen Einstellungs- und Verhaltensmuster im Laufe der Zeit erlernt wurden. Das heißt auch, was einmal erworben (gelernt) wurde, kann prinzipiell auch wieder verlernt werden. Nichts ist für immer „in Stein gemeißelt und unabänderbar". Auch wenn es schwierig ist, neues Denken und neues Verhalten können „gelernt" werden. Damit ergibt sich ein praktisch-didaktischer Ansatzpunkt für kulturelle Veränderungen: Kulturen zu verändern ist gleichbedeutend mit dem Erlernen einer neuen Kultur. Will man nun verstehen, was Unternehmenskulturen ausmacht, hilft es, das Konzept grafisch darzustellen. Unternehmenskulturen setzen sich zunächst aus verschiedenen Ebenen zusammen.

---

[1] Von einer Listung und Diskussion der teils graduell unterschiedlichen Definitionen in der Literatur wollen wir an dieser Stelle absehen. Für eine weitergehende Auseinandersetzung sei dem interessierten Leser jedoch das Buch „Unternehmenskultur" von Sonja Sackmann (2002) empfohlen, zum anderen (einer) der „Klassiker" zum Thema Unternehmenskultur „Organizational Culture and Leadership" von Edgar H. Schein (2004).

Unternehmenskultur – Eine Begriffsbestimmung 17

**Abbildung 1.1:** Die Kulturpyramide

Die Spitze der Kulturpyramide bildet die *Unternehmensvision* – das Leitbild, welches das grundsätzliche Selbstverständnis des Unternehmens oder der Organisation zum Ausdruck bringt. An diesem Leitbild orientiert sich die Strategie des Unternehmens. Die Vision benennt kein konkretes Ziel, sondern stellt eine langfristige Perspektive dar.

Unter dem Dach der Vision sind die zentralen *Werte* angesiedelt, denen sich das Unternehmen verpflichtet fühlt. Die meisten großen Unternehmen verfügen über diesen Wertekanon, der z. B. in Form der Unternehmensmission die grundsätzlichen Standards und Zielvorstellungen sowohl für das Unternehmen als Ganzes als auch für den einzelnen Mitarbeiter festlegt. Das „Problem" der Werteebene ist, dass es sich oftmals um generische und austauschbare Begriffe handelt, die (fast) jedes Unternehmen für sich in Anspruch nimmt. Um die „Austauschbarkeit" zu verdeutlichen, wurden in Abbildung 1.2 die Werte bzw. Mission Statements von fünf Dax-Unternehmen aus unterschiedlichen Branchen gegenübergestellt. Bei aller Unterschiedlichkeit der Begriffe überwiegen doch die Gemeinsamkeiten. Das ist jedoch auch nicht weiter verwunderlich: Kundenorientierung, Qualitäts- und Leistungsbewusstsein sowie Integrität sollten im Grunde von allen Unternehmen als wünschenswert betrachtet werden.

Abbildung 1.2: Unternehmenswerte im Vergleich (Quelle: Eigene Recherche basierend auf den Webauftritten der jeweiligen Unternehmen(2009))

| Unternehmen | Branche | Werte |
|---|---|---|
| Allianz | Versicherung | – Kundenorientierung<br>– Integrität<br>– Anerkennung unserer Mitarbeiter<br>– Streben nach herausragender Leistung<br>– Einhaltung unserer Zusagen |
| BASF | Chemie | – Nachhaltiger Erfolg<br>– Innovation für den Erfolg unserer Kunden<br>– Sicherheit, Gesundheit und Umweltschutz<br>– Persönliche und fachliche Kompetenz<br>– Gegenseitiger Respekt und offener Dialog<br>– Integrität |
| Daimler AG | Automobile | – Höchstleistung<br>– Verantwortung<br>– Aufgeschlossenheit |
| SAP | Software | – Kundenorientierung<br>– Qualitätsbewusstsein<br>– Streben nach herausragenden Produkten<br>– Integrität<br>– Verantwortung<br>– Enthusiasmus für immer höhere Leistungen |
| Telekom | Telekommunikation | – Steigerung des Konzernwerts<br>– Partner für den Kunden<br>– Innovation<br>– Respekt<br>– Integrität<br>– Top Exzellenz |

Auf der folgenden Ebene befinden sich *Leitlinien und Normen*. In Leitlinien werden allgemeine Verhaltensprinzipien definiert, die als Richtschnur für individuelles und organisationales Handeln gelten. Sie sind bereits wesentlich spezifischer als die Ebene der Werte und dienen den Organisationsmitgliedern als generelle Orientierung im Hinblick auf das im Unternehmen erwünschte Verhalten. Charakteristisch für Unternehmenskulturen sind neben den Leitlinien auch *Normen*, d. h. Regeln, die das Verhalten im Alltag in vorgegebene Bahnen lenken. Regeln und Vorschriften tragen die „Handschrift" des jeweiligen Unternehmens. Ein Beispiel für Normen sind mehr oder weniger formalisierte Handlungsanweisungen, die festlegen, wie Entscheidungsprozess ablaufen sollen, wer daran beteiligt ist und wer letzten Endes das Sagen hat. Normen dieser Art sind gewissermaßen „Leitplanken" für organisationale oder individuelle Entscheidungen.

Auf der untersten Ebene finden sich schließlich die *Verhaltensweisen*, d. h. wie die Menschen konkret miteinander umgehen, wie sie zusammenarbeiten, wie sie kommunizieren. Auf dieser Ebene findet also im Wesentlichen die Umsetzung der kulturellen Programmierung – um im Bild von Hofstede zu bleiben – statt. Grundsätzlich wird davon ausgegangen, dass die übergeordneten Ebenen die nachfolgenden „steuern", also die Vision über die Werte, Leitlinien und Normen letzten Endes das Verhalten entsprechend strukturieren und anleiten.

Das ist jedoch häufig nicht der Fall. Und damit kommen wir zu einem Aspekt jeder Unternehmenskultur, der nicht in den Hochglanzbroschüren abgedruckt ist, selten in einer offiziellen Verlautbarung in Erscheinung tritt und dennoch in ganz entscheidenden Maße Unternehmenskulturen prägt. Es handelt sich um die sogenannten *Annahmen*.

Der US-amerikanische Organisationspsychologe Edgar H. Schein (2004) hat schon früh auf die Bedeutung der sogenannten *Annahmen* für das Verhalten in Unternehmen hingewiesen. Annahmen gehören zum „Selbstverständnis" der Organisation. Teilweise sind sie den Akteuren nicht einmal bewusst. Annahmen sind besonders einflussreich, da sie in keinem offiziellen Werte- oder Verhaltenskanon vorkommen, aber umso nachhaltiger das Alltagshandeln prägen.

Eine typische Annahme ist etwa die Vorstellung, „Zielvereinbarungen müssen nicht unbedingt eingehalten werden. Auch wenn man die Ziele nicht erreicht, hat das eigentlich keine Konsequenzen." Oder um ein weiteres typisches Beispiel zu nennen: „Mein Boss macht ohnehin, was er will. Meine Meinung interessiert ihn nicht. Also sage ich nur etwas, wenn ich direkt gefragt werde!"

Wer schon längere Zeit im Unternehmen ist, kennt diese Annahmen – und handelt entsprechend nach ihnen, ob bewusst oder unbewusst.

Verständlicherweise fällt es neuen Organisationsmitgliedern anfangs schwer, diese Annahmen zu verstehen. Aber auch sie lernen schnell, was sie tun müssen, um nicht anzuecken. Man kann sich leicht vorstellen, welche praktischen Auswirkungen derartige Grundhaltungen haben, wenn sie zu allgemeingültigen Verhaltensstandards werden – im negativen, aber auch im positiven Sinne.

Denn natürlich gibt es auch unterstützende Annahmen, die einen wesentlichen Beitrag zur Leistungsfähigkeit der Organisation leisten. Um die Wirkung der Unternehmenskultur tatsächlich zu verstehen, muss man grundsätzlich hinter die Fassade der offiziellen Verlautbarungen und Dokumente blicken. Nur so wird deutlich, was die Menschen tatsächlich antreibt und motiviert, sich so zu verhalten, wie sie es letztendlich tun.

Unternehmenskulturen sind kein Gegenstand, der sich leicht definieren und abgrenzen ließe. Im Gegenteil, die charakteristischen Werte, Leitlinien und Normen sowie Verhaltensweisen durchdringen die gesamte Organisation und hinterlassen in vielen Bereichen erkennbare Spuren, sei es in den Produkten, in den Organisationsstrukturen und Abläufen oder selbst in der Architektur der Gebäude. Die verschiedenen Ebenen der Kulturpyramide bieten den Führungskräften ein konzeptionelles Modell, um die ausschlaggebenden Elemente einer Unternehmenskultur zu identifizieren. Damit wird auch schnell ersichtlich, auf welchen Ebenen anzusetzen ist, will man notwendige Veränderungen bewirken.

## 1.2 Unternehmenskultur als wichtiger Leistungsfaktor

Die Diskussion der Unternehmenskultur in der (praktischen) Managementliteratur reicht bis in die frühen 80er Jahre zurück. Tom Peters und Robert Waterman vertraten in ihrem Bestseller „In Search of Excellence" (1982) das Modell einer leistungsorientierten, hierarchisch flachen Organisation, die alle bürokratischen und strukturellen Hindernisse aus dem Wege räumt, um der Eigeninitiative und dem Engagement des Einzelnen möglichst viel Handlungsspielraum zu geben. Oberstes Ziel war die Ausrichtung des Unternehmens auf die Befriedigung der Kundenwünsche. Ihre Modellvorstellungen waren eine klare Kampfansage an die verkrusteten Strukturen vieler Unternehmen und forderten nicht weniger als eine radikale Veränderung mentaler und struktureller Art in den Unternehmen. Diese Initiative hatte auch zehn Jahre später noch nichts von ihrem Elan verloren. Auf der Basis noch umfangreicheren Datenmaterials propagierte Tom Peters in seinem Buch „Liberation Management" (1992) den weiteren Abbau von Hierarchien zur Freisetzung unternehmerischer Eigeninitiative.

In ihrer wegweisenden Studie „Corporate Culture and Performance" (1992), die ebenfalls im Jahr 1992 erschien, untersuchten Kotter und Heskett erstmals empirisch-quantitativ den spezifischen Zusammenhang zwischen Unternehmenskultur und ökonomischer Performanz. Auf der Grundlage von 207 Firmen konstruierten die Autoren einen Index der kulturellen Stärke.[2] In einem zweiten Schritt wurden diese Ergebnisse mit Leistungsindikatoren verglichen. Die Ergebnisse zeichnen ein eindeutiges Bild: Firmen mit einer „starken" Kultur wiesen im Vergleich mit Unternehmen mit einer „schwachen" Kultur wesentlich bessere Ergebnisse auf. So stieg etwa deren Ertrag im Untersuchungszeitraum um 682 Prozent, während er bei den Unternehmen mit schwächerer Kultur um nur 166 Prozent stieg.

Weitere Unterstützung als wichtiger Faktor unternehmerischen Erfolges erhielt die Unternehmenskultur durch die Arbeit von Collins und Porras, die in ihrer Studie „Built to last" (1994) anschaulich demonstrieren, dass Unternehmen dann eindeutig leistungsstärker waren, wenn sich das Verhalten ihrer Mitarbeiter stringent an gemeinsamen Grundwerten

---

[2] Kotter und Heskett verstehen unter einer starken Kultur eine bestimmte und von allen Managern geteilte Reihe von Annahmen und „Glaubenssätzen", die das Verhalten im Geschäftsalltag prägen. Kultur wird hier insbesondere im Sinne der gemeinsamen Orientierung verstanden. Die Messung der kulturellen Stärke erfolgte über die Fremdeinschätzung anderer Manager mittels eines Fragebogens. Die Messung erfolgte auf einer Fünf-Punkte-Skala (1 = schwache Kultur; 5 = starke Kultur).

des Unternehmens orientierte. Diese Werte, z. B. Kundenorientierung, dienten als „Marschkompass" für das praktische Alltagshandeln. Ressourcen und Know-how konnten dadurch gezielter genutzt werden.

Die Mitarbeiter selbst besaßen eine klare Vorstellung davon, was von ihnen verlangt wurde und welchen Beitrag sie zum Unternehmenserfolg leisten konnten. Die konsequente Ausrichtung der gesamten Organisation an verbindlichen Werten leistete einen wesentlichen Beitrag zur Motivation der Mitarbeiter und ihrer Identifikation mit dem Unternehmen.

Eine vergleichsweise aktuelle Untersuchung von Daniel Denison aus dem Jahre 2006 unterstützt diese Aussage im Hinblick auf den positiven Zusammenhang zwischen einer ausgeprägten Unternehmenskultur und wichtigen Unternehmenskennzahlen. Denison betont hierbei insbesondere den langfristigen positiven Effekt und die Bedeutung der Unternehmenskultur als einen Wettbewerbsvorteil der Zukunft (2006: 4).[3] Vor dem Hintergrund dieser Ergebnisse, erscheint das Phänomen Unternehmenskultur zunächst als überwiegend positiv. Daneben wurde und wird das Thema jedoch in zunehmendem Maße problematisiert.

## 1.3 Unternehmenskultur als Hindernis bei Veränderungen

Dass Unternehmenskulturen auch zum Problem werden können, lässt sich besonders eindrucksvoll im Hinblick auf Mergers & Acquisitions (M&A) darstellen. Zahlreiche in den letzten Jahren erschienen Studien belegen, dass die selbst-gesteckten Integrations- und Leistungsziele in der überwiegenden Zahl der Fälle nicht erreicht wurden. So kam eine Studie der Unternehmensberatung A.T. Kearney (2003) zu dem Schluss, dass nur etwa 42 Prozent der weltweiten M&A ihre Ziele tatsächlich erreichten. Versucht man nun die Gründe für diese ernüchternde Bilanz genauer zu bestimmen, wird der Zusammenhang mit dem Thema Unternehmenskultur deutlich. Kulturelle Differenzen werden in diesem Zusammenhang oft als einer der Hauptgründe für das Verfehlen der Ziele genannt (Grosse-Hornke & Gurk 2009; Mallikarjunappa & Nayak 2007).

Dies wird auch durch die Aussage von Daniel Vasella, Präsident von Novartis, bestätigt, der rückblickend zum Merger von Ciba Geigy und Sandoz anmerkt: „You have to be awa-

---

[3] Basierend auf einem eigens entwickelten Fragebogen zur Erfassung der Unternehmenskultur und der Stärke ihrer Ausprägung, weist Denison für Unternehmen mit höher ausgeprägter Kultur im Untersuchungszeitraum zwischen 1996 und 2004 im Hinblick auf das Marktwert-Buchwert-Verhältnis, das Umsatzwachstum und die Kapitalrendite eine deutlich bessere Entwicklung nach als für Unternehmen mit schwacher kultureller Ausprägung. So lag etwa das Umsatzwachstum der Unternehmen mit ausgeprägten Kulturen um 15 Prozent höher als bei jenen Unternehmen mit einer schwächeren kulturellen Ausprägung.

re of the cultural differences. Eventually, the customer base, the strategy, and the culture of the acquired company have to fit" (Vasella 1999: 44).

An spektakulären Beispielen für die unterschiedliche Wirkung von Unternehmenskulturen mangelt es hierbei (leider) nicht. Der bekannteste Fall eines missglückten Mergers dürfte hierbei die inzwischen wieder rückgängig gemachte Fusion von Daimler und Chrysler darstellen.

### Der Fall „DaimlerChrysler" - Ein Kampf der Kulturen

„Das ist ein historischer Zusammenschluss, der das Gesicht der Industrie verändern wird. (...) Es ist wie eine Hochzeit im Himmel." Dieses euphorische Zitat stammt von Jürgen Schrempp, einem der Protagonisten des DaimlerChrysler Zusammenschlusses. Der besagte Merger wurde jedoch von der Hochzeit im Himmel zu einem abschreckenden Beispiel für einen milliardenschweren Flop.

Als Jürgen Schrempp und Robert Eaton im Mai 1998 den Fusionsvertrag unterzeichneten, waren die Erwartungen an das neu entstandene Unternehmen hoch: Sowohl Daimler-Benz als auch Chrysler waren in ihren Märkten überaus erfolgreich. Während Daimler-Benz insbesondere im Hochpreis-Segment und im europäischen Markt aktiv war, hatte Chrysler eine starke Position im US-amerikanischen Markt und verfügte über deutlich effizientere Produktionsmethoden. Beide Vorstände waren sich darüber einig, dass der Unternehmenszusammenschluss für beide Seiten nur Vorteile bringen würde. Die anfängliche Euphorie wurde auch von der Finanzwelt geteilt. Sieben Jahre später war die Euphorie breiter Ernüchterung gewichen: Daimler-Benz verlor in diesen Zeitraum 35 Mrd. Euro, Chrysler 50 Mrd. Euro an Wert und im Jahre 2007 endete die einstmals so ambitionierte Welt AG mit dem Verkauf Chryslers an Cerberus.

Was war ein Grund für dieses Scheitern, trotz eigentlich guter ökonomischer Ausgangsbedingungen? Während Daimler-Benz einen hierarchischen und eher zentralistischen Stil pflegte, war dies im US-amerikanisch geprägten Unternehmen Chrysler völlig anders. Die ehemaligen Chrysler Mitarbeiter und insbesondere das Management sahen sich mit einer völlig neuen Art des Arbeitens konfrontiert, die von der Stuttgarter Zentrale mit aller Macht in den Konzern gedrückt wurde. Das Resultat dieser „feindlichen (kulturellen) Übernahme" war steigende Frustration unter den Chrysler Mitarbeitern, die sich nach einiger Zeit in einem regelrechten „Brain Drain", also einem Abwandern von Führungskräften niederschlug (Weber & Camerer 2003).

Das Beispiel DaimlerChrysler unterstreicht nachdrücklich, welche dramatischen Konsequenzen die Vernachlässigung der Unternehmenskultur haben kann. Ganz offensichtlich wurde die Problematik des mangelnden „cultural fit" zwischen den beiden Unternehmen unterschätzt. Auch wenn letztendlich mehrere Faktoren für das Scheitern verantwortlich waren, als Hauptgrund wurden kulturelle Differenzen insbesondere im Bereich des Führungsverhaltens und der Entscheidungsfindung innerhalb des neuen Unternehmens ausgemacht (Vlasic & Stertz 2001). Doch nicht nur in der „Ausnahmesituation" einer Unternehmensintegration kann Kultur eine kritische Rolle spielen, wie das zweite Beispiel des Columbia Unfalls beweist.

## Der Fall „Columbia" - Mangelnde Fehlerkultur als Problem

Während im Falle von DaimlerChrysler der wirtschaftliche Misserfolg im Vordergrund des öffentlichen Interesses stand, war es bei dem Columbia Desaster, dem größten Raumfahrtunglück der jüngsten Zeit, vor allem die menschliche Tragödie. Doch auch wenn die beiden Beispiele vordergründig wenig verbindet, war auch dieses Ereignis letztendlich die Konsequenz einer „fehlerhaften" Unternehmenskultur.

Das Verglühen des Space Shuttles im Jahr 2003 wurde durch einen technischen Defekt ausgelöst, als ein Stück Isolierschaum die Tragfläche des Space Shuttles traf. Der Bericht der NASA Untersuchungskommission kam zu dem Schluss, dass neben den rein technischen Problemen vor allem die „defekte Sicherheitskultur" den schweren Unfall mit verursacht hatte. Das Sicherheitsproblem war bekannt, aber die Information wurde bewusst nicht weitergeleitet bzw. die verantwortlichen Ingenieure sahen von einer erneuten Meldung ab, weil sie in der Vergangenheit mit ihren Warnungen auf taube Ohren gestoßen waren (Schwartz 2008).

## Unternehmenskultur und Veränderungsmanagement

Der Daimler Chrysler Merger und das Challengerunglück sind vergleichsweise spektakuläre Beispiele. Man muss sich fragen, ob kulturelle Aspekte tatsächlich die große Bedeutung im Firmenalltag besitzen? Hinter dieser Sichtweise verbirgt sich eine entscheidende Fehleinschätzung der Bedeutung von Kultur in vielen alltäglichen Veränderungsprozessen. So manche klassische Herausforderung (z. B. Änderungen der Strategie, Wechsel in der Führungsmannschaft, der Turn-around eines Geschäfts oder auch das Managen einer Unternehmensintegration) erweckt auf den ersten Blick den Eindruck, als handle es sich primär um „reine" Geschäfts- und Organisationsthemen, die mit analytischem Sachverstand, einer solidem Zahlenbasis und entschiedenem Durchsetzungsvermögen gemeistert werden können. Bei genauerem Hinsehen wird jedoch deutlich, dass neben den genannten Kompetenzen und Ressourcen kulturelle Merkmale eine zentrale Rolle spielen (können). Diese gehen jedoch leicht in der Betriebsamkeit des Veränderungsmanagements unter oder werden als zu geringwertig eingestuft.

Wie sehr Aspekte der Unternehmenskultur mutmaßlich „reine" Geschäftsthemen beeinflussen können, zeigt sich anhand der folgenden anonymisierten Fallbeispiele aus unserer Beratungspraxis. Die genannten Beispiele wurden zunächst als ein rein zahlengetriebenes Projekt betrachtet und gehandhabt. Dabei entstanden jedoch nicht unerhebliche Reibungsverluste, die zu einer Neubewertung der Situation und einer stärkeren Berücksichtigung der „unsichtbaren" kulturellen Faktoren führten.

## Fall 1: Der Kunde versteht nicht, was gut für ihn ist

Ein großer deutscher Maschinenbauer ist bei einigen Großkunden in die Kritik geraten. Die wichtigsten Kritikpunkte beziehen sich auf die mangelnde Kundenorientierung, die sich vornehmlich in der unflexiblen Handhabung von Kundenwünschen und in erheblichen Verzögerungen von Lieferterminen ausdrückt. Häufig ist es für Kunden schwierig, einen Ansprechpartner im Unternehmen zu finden, der sich für die Problemlösung verantwortlich fühlt. Vielmehr entsteht der Eindruck, das Problem wird intern weitergereicht und damit auch die Verantwortung. Besonders gravierende Probleme treten immer dann auf, wenn unterschiedliche Funktionen wie Sales, Project Management und Produktion an geografisch verschiedenen Standorten in ein Projekt involviert sind. Eklatant sind die Abstimmungsprobleme im Falle der Projektübergabe von der Sales Organisation an das globale Projektmanagement. Die sich aus dieser komplexen Gemengelage ergebenden wirtschaftlichen/finanziellen Nachteile für die Kunden sind zum Teil beträchtlich.

Die internen Koordinations- und Kooperationsschwierigkeiten sind unter anderem auf die Komplexität der Konzernorganisation (z. B. unklare Zuständigkeiten, unterschiedliche Auslegung von Konzernrichtlinien) zurückzuführen – zumindest werden sie so von den Kunden wahrgenommen.

**Welche Rolle spielt die Kultur?**

- Natürlich spielen im vorliegenden Fall auch organisationale Defizite eine Rolle (z. B. unzureichende Klärung der Verantwortlichkeiten), doch wirklich entscheidend sind die Einstellungen der Mitarbeiter. Für sie stehen interne Abläufe und Rivalitäten im Vordergrund. Ausgeprägtes Bereichsdenken und „Gedankenlosigkeit" darüber, welche Konsequenzen das eigene Handeln für andere Prozessbeteiligte hat, führen letzten Endes dazu, dass der Kunde und seine (berechtigten Wünsche) in den Hintergrund treten.

**Kulturelle Herausforderungen**

- *Konfliktfähigkeit des Top-Managements*, sich den Problemen zu stellen und diese einer Lösung zuzuführen. Nur zu gern verschanzt man sich hinter bestehenden Richtlinien oder etablierten Prozessen, um möglichen Auseinandersetzungen aus dem Wege zu gehen.

- *Überwindung* der tief verwurzelten *Bereichsegoismen, vor allem auf der Managementebene,* zu Gunsten einer ganzheitlichen Sichtweise: Was ist gut für unsere BU, was brauchen unsere Kunden?

- Vermittlung eines *einheitlichen Kundenverständnisses:* Wer sind unsere Kunden (intern und extern) und wie gehen wir mit ihnen um?

- Erhöhung der *Sensibilität* für unterschiedliche Erwartungen und Ansprüche an Verhandlungsführung. Koreanische Kunden haben andere Ansprüche und Erwartungen als spanische oder US-amerikanische Kunden.

- Systematische *Umsetzung von Entscheidungen*, nötigenfalls mit persönlichen Konsequenzen im Falle der Nichtbeachtung/Nichtumsetzung.

- *Modifikation des Incentivierung:* Bislang gibt es keine nennenswerten Anreize zur Stärkung der bereichsübergreifenden Zusammenarbeit.

## Fall 2: Organisationsumbau und Zentralisierung

Ein mittelständisches Unternehmen der chemischen Industrie hat ambitionierte Wachstumsziele. Der Umsatz von derzeit knapp 600 Mio. Euro soll in den nächsten fünf Jahren auf eine Mrd. gesteigert werden. Dazu sind zahlreiche Veränderungen erforderlich. Die Firma ist durch Zukäufe im Laufe von 20 Jahren kontinuierlich gewachsen: Neben dem Stammhaus in Deutschland existieren 27 Tochtergesellschaften weltweit, bestehend aus eigenständigen „legal entities" bzw. aus reinen Vertriebsgesellschaften. Um sowohl die strategische Steuerung des Geschäfts zu verbessern als auch um Kosten zu sparen, sollen – soweit möglich – Services zentralisiert bzw. einige der nationalen Gesellschaften mittelfristig aufgelöst werden. Ein zentraler Erfolgsfaktor sind schon immer die exzellenten Kundenbeziehungen vor Ort. Der Wettbewerbsvorteil liegt somit weniger in dem spezifischen Produktangebot als vielmehr in den vertrauensvollen, über die Jahre gewachsenen Kundenbeziehungen. Die Fähigkeit und Bereitschaft des Unternehmens, auf Kundenwünsche flexibel zu reagieren, werden von den Kunden hoch geschätzt. Das Unternehmen hat mittlerweile das Image eines kompetenten Problemlösers erworben – was jedoch seinen Preis hat. Im Wesentlichen ist es das Verdienst der General Manager und ihrer Verkaufsmannschaften vor Ort. Bei aller Notwendigkeit, etablierte Strukturen anzupassen, darf es jedoch zu keiner Beeinträchtigung der Kundenbeziehungen in den Ländern kommen.

**Welche Rolle spielt die Kultur?**

- Auch wenn es auf den ersten Blick wie eine einfache Restrukturierung aussieht: Die Veränderungen wirken sich potenziell auf die Motivation und das Engagement der Verkaufsorganisation in den betroffenen Ländern aus. Deren Selbstverständnis wird in Frage gestellt. Vormals eigenständige Gesellschaften werden zu reinen Verkaufsorganisationen „herabgestuft". Die General Manager verlieren ihren früheren (prestigeträchtigen) Status. Wie aber kann der gute Wille der verdienten Mitarbeiter erhalten werden, der doch aufgrund der Bedeutung der persönlichen Kundenbeziehungen der entscheidende Erfolgsfaktor ist?

**Kulturelle Herausforderungen**

- *Entwicklung eines neuen Selbstverständnisses von Führung:* Der Aufgaben- und Verantwortungsbereich einiger General Manager wird eingeschränkt. Vormals „Herrscher über alle Reußen" ist ihr neuer Status im Wesentlichen der des Verkaufsleiters. Das entspricht nicht ihrem Selbstverständnis und der Praxis der vergangenen Jahre.

- Mit der Zentralisierung von Funktionen geht die weitgehende Auflösung der regionalen Zuständigkeiten einher. Gewachsene *Beziehungen („Seilschaften")* werden aufgelöst oder verlieren ihre Daseinsberechtigung.

- Um den Know-how-Transfer unternehmensintern zu stärken, werden gezielt Projektstrukturen geschaffen, die den *Erfahrungsaustausch* über die Funktionsgrenzen hinweg ermöglichen.

- Mit dem zentralen Controlling (direkte Reporting Lines zum Headquarter) erhöht sich die Datentransparenz. Im Gegensatz zu früher, stehen nun die konsequente Umsetzung strategischer Vorgaben und die *persönliche Verantwortung* (Accountability) im Vordergrund.

- Durch die weitgehende Entmachtung der Regionen und die Einrichtung eines zentralen Technologiezentrums *verschieben* sich auch die *Machtverhältnisse* im Management-Team. Die Rollen und Zuständigkeiten müssen neu geordnet werden.

### Fall 3: Vom Elfenbeinturm zur Verkaufsmaschine

Die hundertprozentige Tochter eines internationalen BioTech Konzerns wird an einen Wettbewerber verkauft. Das Unternehmen wurde primär als Forschungs- & Entwicklungseinheit gestartet und vom Konzern „am langen Arm" geführt. Harte quantitative Leistungsziele waren nicht vorgegeben worden. Die Business Unit wurde solange als erfolgreich angesehen, als sie einen (wenn auch mäßigen) Gewinn erwirtschaftete. Nach anfänglichen Erfolgen stagniert der Jahresumsatz bei ca. 300 Mio. Euro. Um die Existenz der Unternehmung längerfristig zu sichern, wären erhebliche Investitionen sowohl im Bereich Forschung & Entwicklung (F&E), vor allem jedoch im Bereich Marketing erforderlich, der in der kurzen Zeit seit Gründung des Unternehmens zu Gunsten der Forschung vernachlässigt wurde. Verschärft wird die Situation durch die anhaltenden Differenzen im Management über den zukünftigen Kurs des Unternehmens. Als sich die Gelegenheit bietet, die Firma an einen Wettbewerber zu verkaufen, der damit eine Lücke in seinem Produktportfolio schließen konnte, greift der Konzernvorstand zu.

Der neue Eigentümer verordnet dem BioTech Unternehmen einen radikalen Strategiewechsel in Verbindung mit klar definierten, ambitionierten Geschäftszielen. Die Eigenständigkeit des Unternehmens soll erhalten bleiben. Dafür wird der F&E-Bereich verkleinert und das globale Marketing der existierenden Produkte professionalisiert und aggressiver gestaltet. Auf diesen Strategieschwenk und die damit verbundenen Konsequenzen (z. B. neue Aufgabenfelder, Personalreduktion in einzelnen Bereichen) sind weder das Management noch die Mitarbeiter vorbereitet.

**Welche Rolle spielt die Kultur?**

- Mitarbeiter und Führungskräfte verstehen sich primär als forschungs-getriebenes Unternehmen. Der neue Kurs widerspricht völlig ihren Vorstellungen von „ihrem" Unternehmen. Sie waren angeworben worden mit der Aussicht, ihre Leistungskraft ganz in den Dienst der Erforschung und Entwicklung biotechnologischer Produkte stellen zu können. Mit der Schwerpunktverlagerung in Richtung Marketing – und den sich daraus ergebenden Konsequenzen – sind sie teilweise überfordert.

**Kulturelle Herausforderungen**

- *Einführung eines leistungsorientierten Führungsstils:* Mit jedem Managementmitglied werden konkrete Zielvereinbarungen getroffen, die (zum ersten Mal) eindeutige Verantwortlichkeiten festlegen. Das bisherige „laissez-faire" Management gehört der Vergangenheit an.

- *Konfliktmanagement auf allen Unternehmensebenen:* Mit der neuen Strategie sind zahlreiche personelle Veränderungen, einschließlich Entlassungen, verbunden. Das entspricht nicht der bisherigen Unternehmenskultur, in der niemand entlassen wurde. Viele Manager tun sich schwer mit der Vorstellung, neue Arbeitsschwerpunkte zu vermitteln oder gar Kündigungen aussprechen zu müssen.
- *Eine attraktive Perspektive für die Mitarbeiter vermitteln:* Trotz oder gerade wegen der einschneidenden Maßnahmen soll der BioTech-Bereich auf eine solide Basis gestellt werden und damit den Beschäftigten eine Zukunft bieten.
- *Stärkung des Marketingdenkens in allen Bereichen der Organisation:* Mit Hilfe von mehr Marktforschung und der Entwicklung von Zielgruppenmodellen sollen neue Kundenpotenziale erschlossen werden.

## 1.4 Unternehmenskultur – Ein Erfolgsfaktor oder ein Problem?

Die genannten Beispiele verdeutlichen, dass Unternehmenskulturen sowohl ein Problem als auch ein Erfolgsfaktor sein können. Zu einem Problem werden sie vor allem dann, wenn man zu sehr auf die Magie der Zahlen oder rein „technische" Lösungen setzt und dabei die Menschen, ihre Bedürfnisse und Kompetenzen aus dem Blick verliert.

### Die größten Herausforderungen für eine Unternehmenskultur

Organisationen im Allgemeinen und Unternehmen im Speziellen agieren in einem zunehmend vernetzten und komplizierter werdenden gesellschaftlichen und wirtschaftlichen Kontext. Immer dringlicher stellt sich daher die Frage nach der Flexibilität von Unternehmen, auf Veränderungen in diesem Umfeld angemessen zu reagieren. Es lassen sich unschwer einige wesentliche Makrotrends identifizieren, die bereits heute eine qualitativ neue Herausforderung für Unternehmen darstellen.

### Die Makrotrends Beschleunigung und Komplexitätssteigerung

Der erste Makrotrend, auf den an dieser Stelle eingegangen wird, ist die wachsende Beschleunigung von Veränderungen im Laufe der letzten Jahre. Man betrachte etwa die Entwicklungszeiten für Automobile. Während ein Autohersteller vor einigen Jahren noch ca. sieben Jahre benötigte, um ein komplett neu entwickeltes Fahrzeug vom Band rollen zu lassen, haben sich die Entwicklungs- und Produktionszeiten mittlerweile auf knapp zwei Jahre reduziert.[4] Ein noch dramatischeres Beispiel liefert die Entwicklung im Bereich der Telekommunikation (Roberts, Jarvenpaa & Baxley, 2003). Kaum jemand hätte die heutige Bedeutung des Internets vor 20 Jahren prognostiziert. Und die verbreitete Nutzung des

---

[4] Siehe hierzu auch Sumatran (2004).

Internets hat in vielen Bereichen eine Revolution ausgelöst. Man denke nur an das veränderte Informations- und Kaufverhalten der Konsumenten, die heute einen wesentlichen Teil ihre Käufe über das Internet abwickeln. Gleiches trifft auch auf die Anbieterseite zu: Das Internet ist längst zur wichtigen Drehscheibe für die Abwicklung globaler Geschäfte geworden.

Grundsätzlich ist festzuhalten, dass die Beschleunigung zu einem eigenständigen Faktor für gesellschaftliche und wirtschaftliche Entwicklung geworden ist. Dies verdeutlicht auch das folgende Zitat von Hartmut Rosa, der den Begriff der Beschleunigung in der aktuellen Debatte geprägt hat: „Wir haben (…) auf nahezu allen Gebieten (…) mithilfe der Technik enorme Zeitgewinne durch Beschleunigung verzeichnen können. Wir haben keine Zeit, obwohl wir sie im Überfluss gewinnen" (2008: 11). Diese allgemeine Aussage gilt sowohl auf der individuellen Ebene als auch für die meisten Unternehmen.[5] Wie mit diesem Phänomen umgegangen wird, hängt maßgeblich von der Kultur eines Unternehmens ab.

Doch nicht nur die Geschwindigkeit hat zugenommen, auch die *Komplexität* des sozialen und wirtschaftlichen Handelns ist dramatisch gestiegen. Das Paradebeispiel liefert die Globalisierung mit ihrer enormen Verflechtung wirtschaftlicher Aktivitäten. Als Folge hat auch der Grad der wechselseitigen Abhängigkeit stark zugenommen. Ein eindrucksvolles Beispiel für die katastrophalen Konsequenzen dieser weltweiten Interdependenz lieferte die jüngste Finanz- und Wirtschaftskrise.

Speziell in Unternehmen wird gebetsmühlenartig die Forderung nach weniger Komplexität laut. Aber der Versuch, genau dies zu erreichen, hat oftmals den gegenteiligen Effekt. Mit jeder „Vereinfachung" ergeben sich neue Abhängigkeiten, die wiederum den Grad der Komplexität erhöhen. Ganz offensichtlich geht es nicht um die Reduzierung von Komplexität. Worauf es ankommt, ist vielmehr das Managen von Komplexität. In diesem Kontext gewinnt das Thema der Unternehmenskultur an Bedeutung.

Die Trends der wachsenden Beschleunigung und Komplexität haben eines gemeinsam: Niemand kann sich ihnen entziehen und gleichzeitig verändern sie nachhaltig den Kontext, in dem wir als Individuen und Unternehmen existieren. Und sie zwingen uns ständig zur Anpassung an neue Gegebenheiten. Aber wie kann man mit den Phänomenen der Beschleunigung und der Komplexität umgehen? Welche Antworten haben Unternehmen darauf?

### „Typische" organisationale Reaktionen auf Veränderungen

Um diese Fragen zu beantworten, ist es zunächst hilfreich, sich zu vergegenwärtigen, wie die typischen Reaktionsmuster in Unternehmen auf externe Veränderungen aussehen.

---

[5] Siehe hierzu auch Plotz (1999).

**Reaktionsmuster 1: Adaption als Reaktion auf (kleinere) Veränderungen**

Beginnen wir mit einem vergleichsweise einfachen Beispiel aus dem Unternehmensalltag. Bei einem über Jahre erfolgreich wirtschaftenden global agierenden Unternehmen stagnieren seit einiger Zeit die Umsätze und in der Folge kommt es zu schmerzlichen Einbußen bei der Profitabilität. Das Management reagiert mit der Überprüfung der Geschäftsstrategien: Werden unsere Produkt- und Marketingstrategien den aktuellen Bedürfnissen und Erwartungen der Kunden gerecht? Entspricht unser Angebot an Produkt- und Serviceleistungen den Erwartungen im Markt? Kennen wir unsere Kunden wirklich gut? Müssen wir unsere Verkaufsmannschaft zahlenmäßig verstärken oder häufiger schulen? Diese und ähnliche Fragen werden sich die verantwortlichen Manager und Mitarbeiter stellen. In der Folge werden entsprechende Aktivitäten angestoßen, um Antworten darauf und auf die identifizierten Fehlentwicklungen zu finden oder bereits Lösungen zu implementieren.

Die Marktforschung gibt zusätzliche Studien über Marktentwicklungen, einschließlich einer umfangreichen Kundenbefragung in Auftrag, die wichtige Erkenntnisse über deren Zufriedenheit, aber auch neu entstandene Anforderungen liefern soll. Der Global-Sales-Manager lässt ein Trainingsprogramm speziell für die Key-Account-Manager aufsetzen, um möglichst schnell vorzeigbare Ergebnisse bei den wichtigsten Kunden des Unternehmens zu erzielen. Mit anderen Worten, das Unternehmen handelt im Rahmen der bestehenden Marketings- und Verkaufsstrategie nach dem Motto „Mehr vom Gleichen". Diese Maßnahmen führen möglicherweise zu dem gewünschten Erfolg. Durch eine Optimierung der bereits bestehenden Strategien und Maßnahmen bekommt man das Problem „wieder in den Griff".

Eine solche Anpassung ist dann ausreichend, wenn sich an den Rahmenbedingungen für unternehmerisches Handeln nichts Grundsätzliches geändert hat. Anpassungslernen kann mit den bekannten Methoden bestritten werden, man kann auf Vor-Erfahrungen zurückgreifen und bewegt sich somit auf vertrautem Gebiet.

**Reaktionsmuster 2: Ausbrechen aus alten Mustern**

Bleiben wir bei dem oberen Beispiel. Möglicherweise reichen die getroffenen Maßnahmen aus, um kurzfristig an den bisherigen Erfolg anknüpfen zu können. Wenn sich jedoch nach einiger Zeit herausstellt, dass die getroffenen Maßnahmen nicht greifen, wenn die Umsätze trotz aller Maßnahmen weiter zurückgehen, spätestens dann ist es an der Zeit zu erkennen, dass ein grundsätzliches Umdenken erforderlich ist.

Jetzt geht es nicht mehr um taktische Maßnahmen (z. B. das Aufstocken der Verkaufsmannschaft), sondern um prinzipielle Überlegungen: Welche neuen Zielgruppen müssen wir ansprechen, welche Produkte fehlen in unserem Leistungsangebot, welche Kundenerwartungen können wir nicht bedienen? Können wir unsere Marktposition nicht mehr aus eigener Kraft halten? Ist ein Überleben des Unternehmens möglicherweise nur mit Unterstützung eines leistungsstarken Partners möglich?

Damit werden grundlegende Werte des Unternehmens (z. B. Unabhängigkeit) und „eingefleischte" Verhaltensweisen („allein entscheiden zu können") in Frage gestellt. Und das bedeutet nichts Geringeres, als einen *Paradigmenwechsel* im Denken und im Verhalten des Unternehmens einzuleiten.

## Grundsätzliche Veränderungen erfordern ein Umdenken

Wenn die bisherigen Erfolgsrezepte nicht mehr (oder nicht ausreichend) greifen, muss ein prinzipiell neuer Weg beschritten werden. Ein Beispiel aus der Wirtschaft ist die Entwicklung des Elektromotors im Automobilbereich. Angesichts der anhaltenden Diskussion über die Verknappung fossiler Brennstoffe sind alternative Energiequellen und Motoren hoch aktuell. Auch wenn bislang der Durchbruch zur Herstellung kostengünstiger (und leistungsstarker) Elektromobile noch auf sich warten lässt, ist jetzt schon absehbar, dass diese radikal neue Form der automobilen Fortbewegung weitreichende Konsequenzen für die zukünftige Gestaltung individueller Mobilität haben wird.

Angesichts der zunehmenden Vernetzung internationaler Aktivitäten und der damit einhergehenden Entwicklungsdynamik werden Unternehmen demnach immer häufiger vor der Aufgabe stehen, aus den eingefahrenen Denk- und Verhaltensmustern auszubrechen und nach völlig neuen Lösungen zu suchen. Diese organisationale Fähigkeit verlangt nach einer spezifischen Unternehmenskultur, die zu dieser flexiblen Anpassung fähig ist. Wem dies gelingt, der besitzt einen entscheidenden Wettbewerbsvorteil gegenüber anderen Unternehmen. Somit wird die Unternehmenskultur zum zentralen Hebel für erfolgreiche organisationale Reaktionen auf externe Veränderungen.

Umso erstaunlicher ist es, dass dem Thema Unternehmenskultur nach wie vor vergleichsweise wenig Beachtung geschenkt wird. Dafür sind aus unserer Sicht vielfältige Gründe verantwortlich:

- Zum einen fehlt es am Problembewusstsein bzw. der Einsicht, dass kulturelle Veränderungen zu wesentlichen Leistungssteigerungen führen können. Technische oder produktbezogene Überlegungen dominieren. Aspekte der Unternehmenskultur, wie beispielsweise der Führungsstil oder der Umgang mit Konflikten, erscheinen erst gar nicht auf dem Radarschirm der Verantwortlichen.

- Die sogenannten „weichen Faktoren" sind zu wenig greifbar, entziehen sich vermeintlich dem nüchtern-analytischen Zugriff und gehen zu sehr ins Persönliche – so die verbreitete Vorstellung. Am besten, man beschäftigt sich erst gar nicht damit.

- Außerdem findet sich häufig die Auffassung, dass es vor allem auf unmissverständliche Ziele und Vorgaben (Vereinbarungen) ankommt. Alles andere regelt sich im Laufe der Zeit von selbst.

- Schließlich sucht man, speziell in Zeiten finanzieller und ökonomischer Krisen, nach Möglichkeiten, Kosten zu sparen. Maßnahmen zur Optimierung der Unternehmenskultur (z. B. Workshops zum Thema Kundenorientierung) gehören zu den ersten „Opfern" bei Budgetkürzungen.

So nachvollziehbar das eine oder andere Argument in der jeweiligen Situation auch sein mag, längerfristig entstehen durch das Ausblenden dieser Thematik eher Probleme – und Kosten. Werden etwa im Zusammenhang mit einer Unternehmensfusion die Konsequenzen, die sich aus den unterschiedlichen Kulturen ergeben, ignoriert, entstehen dadurch auf Dauer Reibungsverluste, die durch frühzeitige Interventionen hätten vermieden werden können. Wenn das Thema Kultur nicht als entscheidender Hebel zur Veränderung erkannt wird, laufen Organisationen langfristig Gefahr, an unüberwindbare Leistungsgrenzen zu stoßen. Deshalb ist es so wichtig, möglichst schnell zu verstehen, welche Aspekte der eigenen Unternehmenskultur revisionsbedürftig sind und auf welche Kulturmerkmale (Einstellungen und Verhaltensweisen) es zukünftig vermehrt ankommen wird.

## 1.5 Fazit: Unternehmenskulturen als Ressource

Ziel des ersten Kapitels war es, die Bedeutung der Unternehmenskultur als einen essenziellen Erfolgsfaktor herauszustellen: Sie gewährleistet die reibungslose Zusammenarbeit innerhalb einer Organisation und sie schafft gleichzeitig die Voraussetzung dafür, dass das Unternehmen effektiv auf Signale und Anforderungen seitens seiner Umwelt reagieren kann.

Gleichzeitig weisen viele Organisationen eine Unternehmenskultur auf, die diesem Anspruch nur bedingt gerecht wird. Folglich sollte darüber nachgedacht werden, wie dieser „suboptimale" Zustand verändert werden kann. Grundsätzlich bedeutet dies nicht immer einen großen Veränderungsprozess. Manches Mal genügen gezielte Eingriffe, um an den bisherigen Erfolg anzuknüpfen. Mit der wachsenden Komplexität wirtschaftlicher Zusammenhänge und dem enormen Veränderungstempo, das allenthalben zu beobachten ist, werden in Zukunft jedoch moderate Anpassungen nicht ausreichen. Immer häufiger werden Unternehmen mit der Tatsache konfrontiert werden, dass sie nur durch einen Paradigmenwechsel im Denken und Handeln die notwenige Flexibilität erreichen, um auf Dauer wettbewerbsfähig zu bleiben. Damit wird die Unternehmenskultur als Erfolgsfaktor für unternehmerisches Handeln einen noch größeren Stellenwert bekommen, als dies bereits in der Vergangenheit der Fall war.

Es bleibt festzuhalten, dass es keinen verbindlichen „Kulturkriterienkatalog" geben kann, der für alle Unternehmen gleichermaßen gilt. Das mag für die Werteebene noch Gültigkeit haben, die – wie wir gezeigt haben – ein hohes Maß an prinzipieller Übereinstimmung zwischen den Unternehmen aufweist. Aber für die Normen- und Verhaltensebene gilt dies sicherlich nicht. Hier lassen sich nur einige generelle Prinzipien definieren, deren konkrete Ausgestaltung von der jeweiligen Organisation zu leisten ist.

Speziell vor diesem Hintergrund ist die ständige Lernfähigkeit einer Organisation eine *Conditio sine qua non*, um flexibel auf veränderte Anforderungen reagieren zu können. Und gleichzeitig ist sie eine der größten Herausforderungen für Unternehmen.

# 2 Eine adaptive Unternehmenskultur entwickeln

Jede Veränderung beinhaltet eine Veränderung des Status quo. Ob nun der neue Chef einen Führungsstil praktiziert, der ganz auf Leistung setzt, dafür aber weniger Wert auf zwischenmenschliche Kontakte legt, oder ob ein gerade akquiriertes Unternehmen in den Konzern integriert werden muss, es stellt sich immer die Frage, wie können Menschen motiviert werden, sich auch unter veränderten Bedingungen voll und ganz im Unternehmen zu engagieren? Wie können sie für neue Perspektiven und Aufgaben gewonnen werden? Und vor allem, was heißt das praktisch für die Führungskräfte und ihr Führungsverhalten? Angemessene Antworten auf diese Fragen zu finden und diese dann konkret umzusetzen, darin liegen die zentralen Herausforderungen des Kulturwandels im Unternehmen. Doch bevor wir auf die speziellen Herausforderungen einer Kulturveränderung eingehen, sollte grundsätzlich betrachtet werden, was eine erfolgreiche Kultur überhaupt ausmacht.

## 2.1 Was macht eine erfolgreiche Unternehmenskultur aus?

Speziell starken Kulturen (im Sinne einer effektiven Durchdringung der gesamten Organisation) ist verschiedentlich der Vorwurf gemacht worden, es mangele ihnen an der nötigen Flexibilität, um auf Veränderungen im Markt schnell und angemessen reagieren zu können (Trompenaars & Prud'Homme 2004). Das in dieser Hinsicht spektakulärste Beispiel ist sicherlich das Unternehmen IBM, das die wachsende Bedeutung des PC in den 80er Jahren verschlafen hatte und mit dramatischen Einbrüchen im weltweiten Geschäft konfrontiert wurde. Ein Beispiel aus der jüngeren Vergangenheit stellt der gescheiterte Versuch von Wal Mart dar, im deutschen Markt mit einer typischen US-amerikanischen Dienstleistungskultur Fuß zu fassen. Die Philosophie der „totalen Kundenorientierung", die die Übernahme spezifischer Stilelemente zur Folge hatte (z. B. persönliche Begrüßung der Kunden, ritualisierte Einstimmung der Mitarbeiter), widersprach diametral den Erwartungen der deutschen Kunden. Wal Mart mangelte es ganz offensichtlich – unter anderem – an der Fähigkeit, flexibel auf die kulturellen Besonderheiten der deutschen Verbraucher zu reagieren. Offenkundig kann nicht jede Marketingidee problemlos globalisiert werden (Senge, 2004).

Diese Problemfälle zeigen natürlich nicht die Determinanten einer „erfolgreichen" Unternehmenskultur. Doch welche Erkenntnisse lassen sich aus diesen Überlegungen für die Gestalt/Struktur einer Unternehmenskultur ableiten? Wie muss eine Unternehmenskultur beschaffen sein, damit sie einerseits die Ressourcen und das Know-how eines Unternehmens effektiv bündeln und einsetzen kann, gleichzeitig aber auch genügend Flexibilität besitzt, um auf unterschiedliche Anforderungen angemessen zu reagieren?

## 2.2 Anforderungen an eine leistungsfähige Unternehmenskultur

Fassen wir die bisherigen Überlegungen zusammen, lassen sich aus unserer Sicht folgende generelle Anforderungen an eine Unternehmenskultur formulieren.

Auf der *Werteebene* (z. B. Integrität, Zuverlässigkeit, Qualität) muss ein für die gesamte Organisation verbindlicher Kanon existieren. Auch wenn diese Unternehmenswerte in aller Regel sehr allgemein gehalten sind, bieten sie doch einen Orientierungsrahmen für das unternehmerische Handeln. Unternehmenswerte besitzen allerdings nur dann eine verbindliche Relevanz, wenn sie nicht nur für Hochglanzbroschüren entwickelt wurden oder nur bei größeren offiziellen Anlässen aus der Schublade geholt werden. Sie müssen im Alltag gelebt werden – wenigstens überwiegend. Unternehmenswerte stellen eine Zielvorstellung dar, die zu realisieren das gemeinsame Anliegen des gesamten Unternehmens ist.

Auf der *Verhaltensebene* lassen sich eine Reihe genereller Überlegungen festhalten, welchen Anforderungen eine Unternehmenskultur genügen muss und welche grundlegenden Verhaltensweisen eine erfolgreiche Unternehmenskultur betonen muss.

Abbildung 2.1: Externe und interne Anforderungen an die Unternehmenskultur

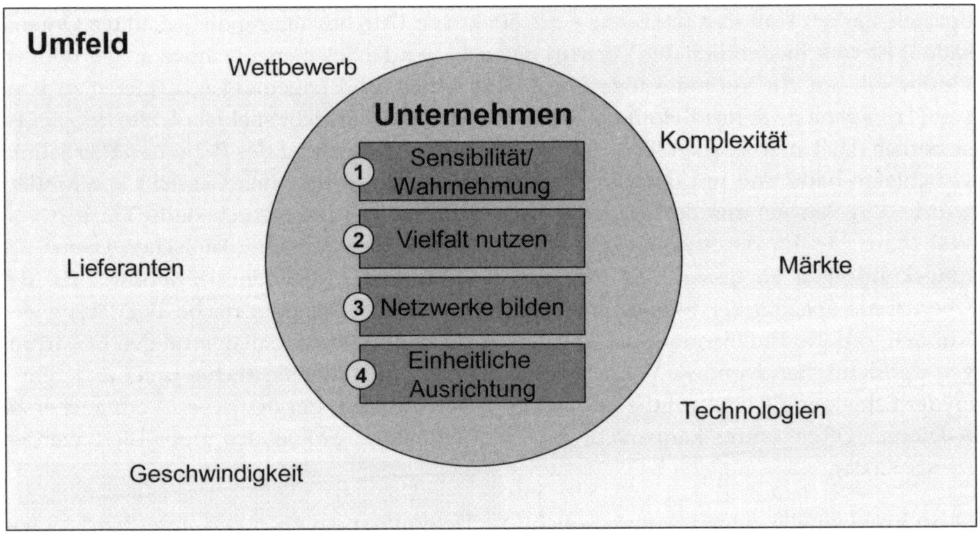

## Sensibilität gegenüber dem Unternehmensumfeld (1)

Mehr denn je sind Unternehmen heute darauf angewiesen, schnell und flexibel auf Veränderungen im Unternehmenskontext zu reagieren. Praktisch bedeutet dies, dass das Unternehmen genau beobachtet, welche Entwicklungen und Trends im Markt erkennbar sind, wie sich die Kundenbedürfnisse und -erwartungen verändern und welche Strategien von den direkten Wettbewerbern verfolgt werden.

Sensibel für derlei Entwicklungen zu sein, betrifft auch die organisatorischen Strukturen und Ressourcen. Gibt es eine systematische Beobachtung des Wettbewerbs (Competitive Intelligence), werden die Erfahrungen der Verkaufsmannschaft gezielt ausgewertet und genutzt? Nimmt die Sales Force überhaupt neue Bedürfnisse und Erwartungen der Kunden zur Kenntnis, die über das eigene Produkt- und Dienstleistungsangebot hinausgehen – und deshalb zusätzliche Marktchancen eröffnen könnten? Das dürfte kaum der Fall sein, wenn im Unternehmen die Auffassung verbreitet ist, man wisse selbst am besten, was für den Kunden gut ist.

Offen für externe Veränderungen und ihre internen Konsequenzen zu sein, ist also auch eine Frage der grundsätzlichen Einstellung, sprich der Unternehmenskultur. Deren Aufgabe sollte es sein, eine Grundhaltung im Unternehmen zu fördern, so dass im Grunde genommen jeder Mitarbeiter bei seiner Arbeit den (internen und/oder externen) Kunden in seine Überlegungen mit einbezieht. Wer sich so verhält, übernimmt auch gleichzeitig ein Stück Mit-Verantwortung für den Erfolg des Unternehmens. Sensibel für die Bedürfnisse des Marktes oder der Kunden zu sein hat praktische (Verhaltens-) Konsequenzen. Nicht nur der Außendienst ist an der Kundenfront unterwegs, auch im Marketing, in der Forschung & Entwicklung (F&E) oder in der Produktion sucht man bewusst und gezielt den Kontakt zum Kunden. Die Bereitschaft dazu ist vor allem eine Frage der Einstellung, des Selbstverständnisses, wie man seine Rolle im Arbeitsprozess wahrnimmt und lebt.

## Vielfalt als Chance nutzen (Diversität) (2)

Die Stärke liegt in der Vielfalt! Jedes Unternehmen verfügt über einen reichen Schatz an Erfahrungen und Kenntnissen, der häufig suboptimal genutzt wird. Im Allgemeinen wächst mit der Größe der Organisation nicht nur das vorhandene Know-how, auch die Komplexität der Organisation nimmt zu und damit auch die Verselbstständigung einzelner Bereiche. Die unausweichliche Konsequenz ist: Keiner weiß mehr so richtig, was in anderen Bereichen „so läuft". Wie oft kann man hören: „Wenn das Unternehmen nur wüsste, was es alles weiß!" Problematischer ist die jedoch die Tatsache, dass es häufig zur bewussten Abschottung gegenüber anderen Abteilungen oder Funktionen kommt. („Was die machen, interessiert uns nicht. Wir kümmern uns um unsere Aufgaben.") Dieses „Silo-Denken" wird noch durch unflexible hierarchische oder funktionale Organisationsstrukturen begünstigt.

Häufig kommt es vor, dass beispielsweise die Verkaufsmannschaft nur ein limitiertes Produktsegment anbietet, obgleich der Kunde durchaus Interesse an einem breiteren Angebot hätte, das es im Unternehmen auch gibt, es müsste nur angeboten werden!

Diversität im unternehmenskulturellen Sinne geht über das hinaus, was gemeinhin unter dem Schlagwort der Diversity verstanden wird. Im Vordergrund steht nicht primär die Absicht, diskriminierten Gesellschaftsgruppen (z. B. Frauen, Ausländern, Homosexuellen) im Unternehmen zu ihrem Recht zu verhelfen. Vielmehr geht es um die optimale Nutzung des potenziell verfügbaren Wissens im Unternehmen.

Das vorhandene Know-how wird nur dann effektiv abgerufen, wenn die Wissensvielfalt als wertvolle Ressource betrachtet wird, die nicht aus Gründen der Gleichgültigkeit oder des Bereichsegoismus brachliegen darf. Es liegt folglich im wohlverstandenen Interesse jeder Organisation dafür zu sorgen, dass die Wissens- und Erfahrungspotenziale des Unternehmens speziell im Hinblick auf Kreativität und Innovation besser aktiv ausgeschöpft werden.

Unterschiedliche Erfahrungen im Umgang mit Kunden, die Sensibilität für diverse Märkte und Kulturen sind wichtige Ressourcen des Unternehmens, um „am Puls" des Marktgeschehens zu bleiben. Zukünftig wird es immer mehr darauf ankommen, sich über diese Erkenntnisse im Unternehmen auszutauschen und sie für die Entwicklung des eigenen Produkt- und Leistungsspektrums zu nutzen.

Erst der bewusste gesuchte Erfahrungsaustausch über funktionale Grenzen hinweg bietet heute die Chance, in einer zunehmend interdependenten Welt das vorhandene Know-how optimal für das Unternehmen einzusetzen.

### Interne und externe Netzwerke bilden (Networking) (3)

Es ist eine wenig überraschende Tatsache, dass die formalen Organisationsstrukturen nicht die tatsächlich relevanten Informations- und Kommunikationswege in einem Unternehmen widerspiegeln. Entscheidender sind die sozialen Netzwerke, die unabhängig von starren Hierarchien den Informationsfluss kanalisieren. Wer interagiert mit wem? Mit wem werden neue Erkenntnisse und Erfahrungen ausgetauscht? Wer ist Ansprechpartner bei auftretenden Problemen? Wer wird bei auftretenden Fragen spontan kontaktiert? Wer wird nur involviert, wenn es die Vorschriften oder „politische Rücksichtnahmen" erfordern? Die informellen Kontakte und Verbindungen entscheiden letztlich darüber, ob und wann das in den Köpfen der Mitarbeiter oder in den Systemen der Organisation vorhandene Wissen effektiv genutzt werden kann.

Soziale Netzwerkanalysen (Cross & Parker 2004) haben eindrucksvoll bestätigt, dass die in den Organisationen vorhandenen Wissens- und Erfahrungspotenziale oft suboptimal arbeiten, weil

- ungenaue Kenntnisse über das im Unternehmen vorhandene Know-how existieren und folglich nicht genutzt werden;
- nicht alle „Wissensträger" in dem erforderlichen Maße bei plötzlich auftretenden Fragen oder Problemen – aus welchen Gründen auch immer – zu Rate gezogen werden;

- viele Menschen weitaus lieber den direkten persönlichen Kontakt zu Kollegen suchen, als sich komplexer Informationsmanagement-Systeme zu bedienen;
- sich unternehmensinterne Interaktions- und Kommunikationswege auf die Zusammenarbeit im eigenen Arbeitsbereich beschränken.

Die unternehmensinternen Probleme finden sich auch im Kontakt zu externen Wissensträgern. Längst ist das größte Innovationspotenzial nicht mehr nur in den Unternehmen selbst zu finden. Kleine Start-up-Gesellschaften oder Universitätsinstitute verfügen über hochqualifizierte Experten, die sich an vorderster Front innovativer Techniken und Applikationen bewegen. Diese Unternehmen und Institutionen aktiv in interne Netzwerke einzubinden und damit Zugang zu innovativem Know-how zu gewinnen, das anderweitig nicht verfügbar ist, bedeutet einen wesentlichen Schritt zur Überwindung des verbreiteten „Not invented here"-Syndroms.

Die Forschung zum Thema soziale Netzwerke hat ferner auf den unmittelbaren Zusammenhang zwischen der Leistung und dem Grad der (internen und externen) Vernetzung hingewiesen. Die am besten vernetzten Teams sind ungleich leistungsstärker als ihre weniger vernetzten Kollegen. Ähnliches trifft auch auf die Leistungsfähigkeit von Einzelpersonen zu.

Überhaupt ist die Chance, kreativ zu sein, ungleich größer, wenn systematisch Informations- und Erfahrungsquellen angezapft werden (Cross & Parker 2004).

Das aktive Netzwerken ist deshalb so relevant, weil es die Voraussetzungen für die optimale Nutzung des im Unternehmen vorhandenen Wissens schafft, d. h. das geballte Know-how just an den Stellen verfügbar macht, an denen es auch benötigt wird. Die Qualität der sozialen Netzwerke ist somit nachweislich von herausragender Bedeutung für die Performanz, die Lernfähigkeit und die Innovationsfähigkeit eines Unternehmens. Unternehmen, sprich die Führungskräfte, sollten alles daran setzen, den Netzwerkgedanken nachhaltig zu fördern.

### Ausrichtung auf gemeinsame Ziele und Standards (Alignment) (4)

Auch wenn Diversität im Unternehmen zugelassen werden muss: Ohne die eindeutige Ausrichtung aller wichtigen Unternehmensteile (und Mitarbeiter) auf definierte Unternehmensziele und Werte können die Ressourcen und das Know-how der Organisation nicht optimal genutzt werden. Das fängt damit an, dass es eine attraktive längerfristige Perspektive (Vision) für das Unternehmen gibt, die in der Lage ist, die Beschäftigten zu begeistern und für gemeinsame Anstrengungen zu motivieren. Gerade in turbulenten Zeiten vermittelt eine attraktive Vision ein gewisses Maß an Sicherheit und Orientierung. Gleiches trifft auf Verhaltensleitlinien (Grundsätze) zu, die den Wertekanon des Unternehmens in konkrete Verhaltensrichtlinien „übersetzen". In diesem Zusammenhang sind auch verbindliche Führungsleitlinien notwendig, die messbare und einklagbare Vorgaben für das Führungsverhalten festlegen. Entscheidend ist natürlich, dass sie nicht nur auf dem Papier bestehen, sondern gelebt werden. Das ist der Lackmustest für die Glaubwürdigkeit jeder Unternehmenskultur! Dies setzt auch einen Abgleich der Unternehmens- und Bereichsziele sowie -strategien voraus. Nichts verursacht größere Reibereien und Frustrationen als sich widersprechende Ziele, die dann als Begründung für den fortbestehenden Bereichsegoismus angeführt werden.

Schließlich sind auch die Anreiz- und Belohnungssysteme darauf zu überprüfen, ob sie die generellen Zielsetzungen und Verhaltensleitlinien nachhaltig unterstützen.

Im Anhang 12.1 haben wir einige praktische Überlegungen und Vorschläge zur Entwicklung der vier identifizierten Komponenten einer adaptiven Unternehmenskultur zusammengestellt. Diese können auch für jene Unternehmen von Nutzen sein, die keine grundlegende Kulturveränderung planen, jedoch trotzdem an den aus unserer Sicht zentralen Aspekten einer adaptiven Kultur arbeiten wollen.

Mit den vier Bereichen

- *Sensibilität gegenüber dem Unternehmensumfeld (Sensibilität),*
- *Vielfalt als Chance nutzen (Diversität),*
- *Interne und externe Netzwerke bilden (Networking) sowie*
- *Ausrichtung auf gemeinsame Ziele und Standards (Alignment)*

sind Themenfelder identifiziert, die für die Entwicklung einer adaptiven Unternehmenskultur von zentraler Bedeutung sind, um zukünftig optimaler auf das Veränderungstempo wirtschaftlicher und gesellschaftlicher Entwicklungen reagieren zu können. Dass es in dieser Hinsicht noch einigen Nachholbedarf in deutschen Unternehmen gibt, unterstreicht die bis dato umfangreichste weltweit angelegte empirische Untersuchung zum Verhältnis von Kultur (national und organisational) und Führung, die GLOBE-Studie.

Die Autoren schlussfolgern, dass im wiedervereinten Deutschland (bei vergleichsweise minimalen Unterschieden zwischen Ost und West) nach wie vor ein stark ausgeprägtes Sicherheitsdenken existiert, das sich in umfangreichen Regeln, Vorschriften und bürokratischen Prozessen niederschlägt (Chhokar, Brodbeck & House 2007). Allein dies sollte Ansporn genug sein, dem Thema Unternehmenskultur weiterhin größte Aufmerksamkeit zuteilwerden zu lassen.

## 2.3 Erfolgsfaktoren des Kulturwandels

Ehe wir uns den praktischen Details des Umsetzungsprozesses widmen, werfen wir einen Blick auf einige Erfolgsfaktoren, die generell für Veränderungsprojekte und speziell für Veränderungen von Unternehmenskulturen relevant sind.

- An vorderster Stelle steht die *Begründung der Notwendigkeit des Kulturwandels:* Nicht jeder kann sofort nachvollziehen, weshalb grundlegende Veränderungen erforderlich sind. Absolut notwendig ist deshalb eine ungeschminkte Darstellung der Gründe, weshalb ein Kulturwandel in Angriff genommen wird. Im Idealfall lässt sich die Notwendigkeit auch empirisch untermauern. Dies kann insbesondere dabei helfen, die Argumentation für den Wandel nachvollziehbar zu machen.

- *Eine attraktive Vision oder Perspektive aufzeigen:* Gibt es eine Vision zur zukünftigen Entwicklung der Unternehmenskultur, die Mitarbeiter anspricht, sie motiviert, sich einzubringen und ihr Bestes zu geben? Wem neue (und potenziell attraktive) oder wenigstens akzeptable Perspektiven geboten werden, ist leichter für Veränderungen zu gewinnen. Wer bereits häufiger Veränderungsprozesse durchlaufen hat, wird möglicherweise auf die Ankündigung einer neuen Vision mit einer gewissen Abgeklärtheit reagieren. Begeisterungsstürme dürfen in solchen Situationen nicht mehr erwartet werden. Doch die meisten Menschen brauchen etwas, an dem sie sich festhalten können. Schließlich machen attraktive Perspektiven Lust auf die Zukunft.

- *Festlegung der Veränderungsziele:* Was soll durch den Kulturwandel erreicht werden, was wird sich im Unternehmen ändern, welche Erwartungen werden mit der Kulturveränderung verknüpft? Je präziser der Erwartungshorizont definiert wird, desto mehr Klarheit besteht über die Intentionen des Unternehmens. Umso eher ist auch der Einzelne in der Lage, für sich und seinen Verantwortungsbereich Schlussfolgerungen zu ziehen.

- *Klare Prioritäten setzen:* Viele Veränderungsprogramme versuchen zu viel auf einmal zu erreichen. Der Bedarf an Veränderung ist meistens größer als das, was bewältigt werden kann. Dann ist es besser, sich gleich am Anfang auf wenige Prioritäten zu einigen (im Top-Management). Anstatt gleichzeitig die Kundenorientierung zu optimieren, Entscheidungsprozesse zu vereinfachen und den Netzwerkgedanken im gesamten Unternehmen zu verankern, ist es realistischer, lediglich ein oder zwei Themen zu verfolgen, diese dann aber sehr konsequent über die gesamte Organisation hinweg.

- *Einen Dialog starten:* Ein Kulturwandel, der seinen Namen verdient, ist nur über eine inhaltliche Auseinandersetzung mit den Betroffenen zu leisten. Im Dialog können die unterschiedlichen Wahrnehmungen, Einschätzungen, auch Sorgen und Bedenken thematisiert werden. Die Fähigkeit, diesen Dialog effektiv zu führen, setzt gewisse persönliche und soziale Kompetenzen voraus – die allerdings nicht immer vorhanden sind. Einen Dialog führen bedeutet auch die Bereitschaft, Überzeugungsarbeit zu leisten und nicht nur den Wandel anzuordnen.

- *Mitgestaltung ermöglichen:* Nichts ist motivierender als die Möglichkeit, seinen eigenen Arbeitsbereich mitgestalten zu können. Neue Werte und Leitlinien werden vorgegeben, aber die situationsspezifische „Übersetzung" ist den einzelnen Abteilungen oder dem einzelnen Mitarbeiter überlassen. Je mehr Einflussmöglichkeiten bestehen, desto größer die prinzipielle Bereitschaft, sich auf den Kulturwandel einzulassen. „Mitreden zu können" entspricht der Erwartungshaltung in vielen deutschen Unternehmen, die im Gegensatz zu anderen Kulturräumen stärker konsens-orientiert sind. Wer nur anordnet oder von oben herab einen Kulturwandel initiieren möchte, wird in deutschen Unternehmen eher auf Widerstand stoßen oder sich mit Lippenbekenntnissen zufriedengeben müssen.

- *Schnell erste Erfolge erzielen:* Viele, die zunächst abwarten und Veränderungen ablehnend gegenüberstehen, werden erst dann zu potenziellen Unterstützern, wenn sich greifbare Erfolge einstellen. „Quick Wins" sind für die entsprechende Dynamik des Kulturprojektes unerlässlich.

- *Den praktischen Nutzen erfahren:* Je direkter und schneller man aus den neuen Verhaltensanforderungen praktischen Nutzen für sich und/oder das Unternehmen ziehen kann, desto größer ist die Bereitschaft zum Engagement.

- *Am Ball bleiben:* Man soll möglichst nahe am Puls der Organisation sein und erkennen, wo Fortschritte im Veränderungsprozess erzielt werden oder wo es auch Rückschläge gibt. Hier sind alle Akteure, besonders jedoch das Projektmanagement, gefordert, ihre Fühler in die Organisation auszustrecken, um als Frühwarnsystem zu agieren und bei Bedarf korrigierend eingreifen zu können.

## 2.4 Ausgangspunkt der Veränderung - Die Menschen in der Organisation „abholen"!

Zu Beginn eines Veränderungsprozesses sind nicht alle Beschäftigen davon überzeugt, dass sich überhaupt etwas ändern muss. Die einen sehen keinen Grund, wirkliche Veränderungen vorzunehmen. Man war doch bislang erfolgreich. Andere wiederum finden, es ist höchste Zeit, dass sich etwas an den Einstellungen und der Arbeitsmoral ändert. Dazwischen können Welten liegen. Wer Veränderungsprozesse erfolgreich steuern möchte, muss die Menschen dort „abholen" können, wo sie gerade mental und emotional stehen. Dazu muss man allerdings wissen, an welchem Ausgangspunkt sich das Gros der Beschäftigten befindet. Im Laufe eines Veränderungsprozesses ändern sich schließlich Anforderungen und Bedürfnisse, auf die Führungskräfte entsprechend reagieren müssen. Und die typischen Reaktionsmuster der Betroffenen können sehr unterschiedlich ausfallen.

Die deutsch-amerikanische Psychotherapeutin Elisabeth Kübler-Ross (1969) beschrieb bereits vor einigen Jahren den Verlauf, den Veränderungsprozesse bei Individuen nehmen und der auch auf Organisationen übertragen werden kann. Sie identifizierte sechs Stadien, die durchlaufen werden.

**Abbildung 2.2:** Die Phasen eines Veränderungsprozesses

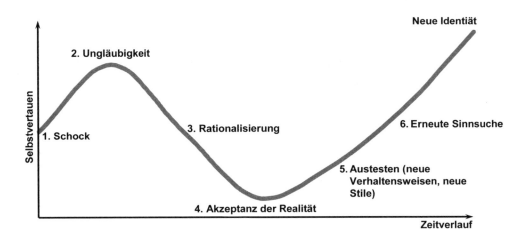

## Schock (1)

Ein Individuum oder eine Organisation wird mit einer kritischen Nachricht konfrontiert, die tiefgreifende Veränderungen erforderlich machen wird. Ein Weiter-so-wie-bisher ist nicht mehr möglich. Da die Nachricht (weitgehend) aus heiterem Himmel kommt, ist die erste Reaktion Schock und Erschrecken.

## Ungläubigkeit (2)

Ein klassisches Reaktionsmuster heißt dann zunächst: „Das kann doch nicht sein. Bislang hat doch alles gut funktioniert und das Unternehmen war doch erfolgreich." Ungläubigkeit macht sich breit. Wenn die Nachricht nicht wahr sein kann, dann besteht auch keine Notwendigkeit, etwas zu verändern. Das angeschlagene Selbstbewusstsein findet wieder zu alter Stärke zurück.

## Rationalisierung (3)

Die Zeit schreitet voran und die Probleme nehmen nicht ab. Im Gegenteil, der Zustand hat sich weiter verschlechtert. Trotz intensiver Bemühungen schreitet der Einbruch am Markt weiter voran. Alle Ausflüchte oder Erklärungen nützen letzten Endes doch nichts, man muss der Realität ins Auge sehen – die Situation hat sich insgesamt verschlechtert. Man hat das Problem offenkundig nicht im Griff. Folglich nimmt auch in der eigenen Wahrnehmung die Kompetenz ab, mit den bisherigen Mitteln das Problem zu bewältigen. Dem Einzelnen wird also bewusst: Weiter-so-wie-bisher geht nicht mehr.

### Akzeptanz der Realität (4)

Die Botschaft ist endlich angekommen. Das Unternehmen kann nicht ohne weitgehende Eingriffe wieder auf die Beine kommen. Was auf der rationalen Ebene längst verstanden, aber nicht eingestanden wurde, wird jetzt auch emotional akzeptiert. Wenn das Problem mit den bisherigen Mitteln nicht gelöst werden kann, dann müssen neue Mittel und Wege gefunden werden. Und es ist jetzt keine Zeit mehr zu verlieren.

### Austesten (5)

Die Suche nach praktischen Lösungen wird ernsthaft in Angriff genommen. Verschiedene Optionen und Maßnahmen werden ausprobiert. Nicht alles gelingt auf Anhieb. Notgedrungen passieren auch Fehler. Damit muss man leben. Aber letztendlich sind Fortschritte erkennbar. Langsam gewinnt die Organisation wieder das Vertrauen in die eigenen Fähigkeiten zurück, das Problem in den Griff zu bekommen.

### Neue Sinnsuche/Identität (6)

Im Laufe des Prozesses hat sich ein neues Verständnis davon entwickelt, was die Organisation in Zukunft leisten muss und was sie bereits hinter sich gelassen hat. Am Ende steht eine neue Identität, mit erstarktem Selbstbewusstsein, auf die neue Situation kompetent und wirkungsvoll reagiert zu haben.

Hierbei gilt zu beachten, Menschen befinden sich zu Beginn eines Veränderungsprozesses an den unterschiedlichsten Stellen der Veränderungskurve. Jemand, der bereits an neuen Lösungen arbeitet, befindet sich ein einem gänzlich anderen Zustand als jemand, der gerade mit der Tatsache konfrontiert wurde, dass seine bisherige Arbeit nicht mehr den Anforderungen entspricht. Diese unterschiedlichen Ausgangslagen müssen berücksichtigt werden, will man nicht einen Großteil der Mitarbeiter verlieren. Aus dieser Erkenntnis ergeben sich unmittelbar Konsequenzen für Art und Inhalt der Kommunikation. Auch das Veränderungstempo muss eventuell den Gegebenheiten angepasst werden. Vor allem sollte eine Überforderung wichtiger Teile der Organisation vermieden werden. Dies zu erkennen und entsprechend zu handeln gehört zu den wichtigen Leistungen des Top-Managements und der Führungskräfte im Veränderungsprozess.

## 2.5 Kulturwandel als Lernprozess

Ein wesentliches Merkmal des Kulturwandels ist Folgendes: Kulturen zu verändern bedeutet, einen individuellen und kollektiven Lernprozess anzustoßen. Wie geschieht dies am effektivsten? Hierzu gibt es einige grundsätzliche Überlegungen und Erfahrungen, die für jeden erfolgreichen Kulturwandel Gültigkeit haben.

- *Kulturwandel ist ein Top-down-Approach:* Die entscheidenden Impulse kommen vom Top-Management. Es geht dabei nicht nur um die prinzipielle Entscheidung, einen Kulturwandel – in welchem Umfang auch immer – anzustoßen. Weit wichtiger ist das anhaltende Engagement des Top-Managements. Zu jedem Zeitpunkt muss erkennbar sein, dass die Geschäftsleitung geschlossen hinter den Zielen des Kulturwandels steht. Es ist eine Illusion zu glauben, diese Verantwortung schnellstmöglich an untere Managementebenen delegieren zu können.

- *Die Führungskräfte für die Veränderung gewinnen:* Bei aller strategischen und symbolischen Bedeutung des Top-Managements, aus eigner Kraft kann es nicht viel bewegen. Es bedarf der aktiven Unterstützung durch die Führungskräfte auf allen Unternehmensebenen. Sie sind der entscheidende Hebel oder „Transmissionsriemen" im operativen Geschäft. Ohne ihr Engagement ist ein Veränderungsprogramm schnell Makulatur. Sie schnellstmöglich für den Kulturwandel zu gewinnen, muss eine der Top-Prioritäten sein. Erst wenn diese „Hürde" genommen ist, sind die Voraussetzungen für eine systematische Ausweitung des Veränderungsprozesses auf die gesamte Organisation gegeben.

- *Jedes Unternehmen muss seinen eigenen Weg finden:* Praktische Lösungen werden im Laufe des Prozesses mit der Organisation, d. h. den Führungskräften und Mitarbeitern, erarbeitet. Auch wenn Erfahrungen aus anderen Unternehmen herangezogen werden können, eine Unternehmenskultur ist etwas sehr Spezifisches, das die besonderen Belange und Bedürfnisse der jeweiligen Organisation verkörpert. Von außen übergestülpte Verhaltensvorschriften (siehe Beispiel Wal Mart) werden dann schnell als Fremdkörper abgestoßen. Niemand kann präzise vorhersagen, wie schnell und effektiv die Maßnahmen greifen werden. Wer sich auf unbekanntes Terrain vorwagt, muss auch mit Ambiguität und Rückschlägen leben können – als Führungskraft und als Mitarbeiter.

- *Fehler zu machen ist unvermeidlich:* Wer neue Lösungswege beschreitet – und das ist bei Kulturveränderung immer der Fall – wird nicht gleich die richtigen Antworten finden. Es muss nachgebessert werden. Und darauf müssen alle Kräfte im Unternehmen eingestellt sein. Entscheidend ist, wie schnell die Organisation und jeder Einzelne aus diesen Fehlern lernt und welche Korrekturen vorgenommen werden.

Wenden wir uns nun nach diesen grundlegenden Hinweisen dem eigentlichen Ablauf des Lernprozesses zu. Der organisationale Lernprozess kann in drei Schritte unterteilt werden.

- Er beginnt mit der Schaffung eines Bewusstseins für notwendige Veränderungen. Betroffen sind Werte und konkrete Verhaltensweisen.

- In der zweiten Phase werden neue Werte übernommen und neues Verhaltens entwickelt.

- Schließlich geht es in der dritten Phase um die praktische Umsetzung der neuen Kultur und entsprechender Verhaltensweisen.

**Abbildung 2.3:** Der organisationale Lernprozess

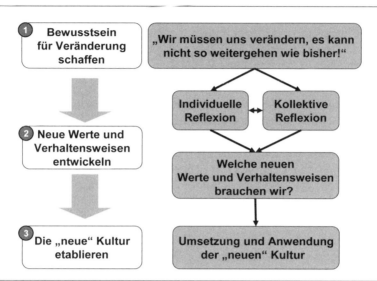

### Bewusstsein für Veränderung schaffen (Phase 1)

Nur wer auch von der Notwendigkeit der Veränderung wirklich überzeugt ist, wird den Kulturwandel konstruktiv und nachhaltig mittragen. Zum Teil ist erst ein erhebliches Stück Aufklärungsarbeit erforderlich, damit nachvollzogen werden kann, weshalb Kulturveränderungen angesagt sind. Bei Weitem nicht jeder wird sofort den Änderungsbedarf einsehen.

Um ein einfaches Beispiel zu wählen: Damit die Kommunikation innerhalb einer Abteilung besser funktioniert, sollen zukünftig regelmäßig Sitzungsprotokolle angefertigt werden. Dies stellt eine klare Veränderung gegenüber der Praxis in der Vergangenheit dar, in der keine Dokumentation der Gesprächsinhalte und Beschlüsse erfolgte. Die Konsequenz in der Vergangenheit waren Missverständnisse und Komplikationen. Erwartungsgemäß freuen sich nicht alle über die neue Regelung. Für einige Mitarbeiter bedeutet dies mehr Disziplin und Kontrolle, denn Entscheidungen können nun besser nachgehalten werden. Diese Veränderung der „Kultur" erfordert Verhaltensänderungen, berührt jedoch nur einen schmalen Ausschnitt des täglichen Arbeitsbereichs und der individuellen Wertvorstellungen.

Anders verhält es sich beispielsweise, wenn die Leistungen der F&E Abteilung eines Unternehmens seit Jahren nicht ausreichen, um genügend innovative Produkte auf den Markt zu bringen. Aber wie könnte ein Innovationsschub erreicht werden? Eine mögliche Konsequenz wäre: Das Unternehmen verabschiedet sich von der Vorstellung, nur Produkte aus der eigenen Forschungs- & Entwicklungsabteilung zu vermarkten, und kauft stattdessen „Fremdentwicklungen" ein. Das zieht weitreichende Konsequenzen nach sich, die nicht nur den gesamten Forschungsbereich, sondern darüber hinaus auch viele Mitarbeiter in ihrem Selbstverständnis tangieren („Wir sind ein forschungsgetriebenes Unternehmen!").

Diesen Beispielen ist gemein, dass ein echter Lernprozess, der tatsächlich zu neuen Einstellungen und Verhaltensweisen führt, nur dann entsteht, wenn deutlich geworden ist, dass ein „Weiter-so-wie-bisher!" nicht mehr möglich ist. Beispiele dafür, dass ein solches Umdenken möglich ist, finden sich auch in aktuellen Entwicklungen. Man denke nur an die Veränderungen, die von den Beschäftigten in der Automobilindustrie in den letzten Jahren mitgetragen wurden, etwa die Einführung der 4-Tage-Woche bei VW. Allen Betroffenen war bewusst, dass im Rahmen der herkömmlichen Tarifverhandlungen eine weitgehende Sicherung der Arbeitsplätze nicht möglich war. Gefragt waren radikale Lösungen und ein radikales Umdenken (ein Paradigmenwechsel). Das allgemein akzeptierte und tragfähige Ergebnis dieses Prozesses war die 4-Tage-Woche bei reduziertem Lohn.

Es geht, um hier Missverständnissen vorzubeugen, nicht um die Verbreitung von Angst – die ist in aller Regel ein schlechter Berater. Aber in manchen Fällen ist ein „Weckruf" notwendig, um allen Beteiligten deutlich vor Augen zu führen, was die Stunde geschlagen hat.

### Neue Werte und Verhaltensweisen entwickeln (Phase 2)

Besonders akut wird dies im Falle von tiefgreifenden Veränderungen, etwa bei Unternehmensintegrationen oder einem radikalen Führungswechsel. Von einem Tag auf den anderen herrscht ein komplett neuer Führungsstil, der den meisten Mitarbeitern und Führungskräften in der Regel mehr an Leistung und Engagement abverlangt, als sie aus der Vergangenheit gewohnt waren. Damit umzugehen, ist nicht immer einfach. Doch wie können die neuen Anforderungen am besten erarbeitet und vermittelt werden und worauf kommt es in dieser Phase der Neuorientierung besonders an?

- *Veränderung bedarf des Dialogs:* Effektiver Kulturwandel setzt ein offenes Gespräch als wesentlichen Veränderungsmechanismus voraus. Denn schließlich ist das Erlernen einer neuen Kultur nicht nur ein individueller, sondern auch ein kollektiver Lernprozess. Beispielsweise ist die Forderung nach mehr Kundenorientierung allein nicht ausreichend, um gezielte Verhaltensänderungen zu bewirken. Es muss geklärt werden, was denn nun genau unter einer optimierten Kundenorientierung zu verstehen ist. Darüber muss es eine inhaltliche Auseinandersetzung mit allen Betroffenen geben. Erst im Gespräch treten die unterschiedlichen Auffassungen, Vorstellungen und Ideen offen zutage. Durch das gemeinsame Ringen um ein anderes (optimiertes) Verständnis wird ein Stück wichtiger Überzeugungsarbeit bei allen Beteiligten geleistet. Außerdem bietet sich die Gelegenheit, mit Bedenken, Einwänden und Sorgen umzugehen und diese – wenn möglich – auszuräumen. Natürlich erfordert dies Zeit. Die Erfahrung zeigt jedoch, dass sich diese Investition später auszahlt. Hochglanzbroschüren und Frontalveranstaltungen bieten jedenfalls keinen Ersatz für direkte, persönliche Kommunikation.

- *Transparenz sicherstellen:* Die meisten Mitarbeiter möchten offen und ehrlich über den Stand des Kulturprojektes informiert werden. Dies ist umso bemerkenswerter, als mangelnde Offenheit über den Verlauf von Veränderungsprozessen zu den häufigsten

Klagen der Belegschaft gehört. (Fast) jeder bringt Verständnis dafür auf, dass nicht alle Details über Entscheidungen und Maßnahmen offengelegt werden können. Es geht vielmehr darum, dass kontinuierlich über die Entwicklung des Projekts, über seine Erfolge, aber auch über Flops oder Rückschläge informiert wird.

- *Die Mitarbeiter in die praktische Gestaltung des Kulturwandels einbinden:* Auch wenn der Prozess vom Management getrieben wird, lässt er sich nicht von oben verordnen. Die langfristige und nachhaltige Veränderung wird nur dann gewährleistet, wenn es gelingt, den Großteil der Mitarbeiter in die praktische Arbeit des Veränderungsprozesses einzubeziehen. Das Management gibt generelle Richtlinien im Hinblick auf die neue Kultur vor und muss diese vor allem vorleben. Die konkrete Ausgestaltung und somit die Übersetzung in entsprechende Verhaltensweisen ist dann jedoch immer noch den einzelnen Mitarbeitern in ihrer Abteilung selbst überlassen. Dabei sollte allen die Gelegenheit geboten werden, ihre Erfahrungen und ihren Einfallsreichtum einfließen zu lassen. Durch die Mitgestaltung des Veränderungsprozesses werden auch Ängste und Vorbehalte abgebaut. Wer sich aktiv engagieren kann, wird vom (zunächst) Betroffenen zum Beteiligten. Damit verfügt man zumindest über begrenzte Möglichkeiten der Einflussnahme und fühlt sich daher nicht völlig fremdbestimmt.

- *Emotionale Identifikation mit der Veränderung fördern:* Die aktive Teilhabe an der Veränderung leistet einen wichtigen Beitrag zur emotionalen Identifikation mit den Veränderungszielen. Wer erst einmal „sein Herz über die Hürde geworfen" und den Kulturwandel innerlich akzeptiert hat, wird zum aktiven Unterstützer. Auch das geschieht nicht über Nacht. Ehrliche Kommunikation über Fortschritte und Rückschritte, die Wertschätzung des bisher Geleisteten sowie das Aufzeigen neuer Perspektiven sind dafür wichtige Voraussetzungen.

## Die neue Kultur etablieren (3)

Wenn die Entscheidung für den Kulturwandel gefallen ist, sollte er möglichst schnell in Angriff genommen werden. Aber wo soll man beginnen? Wo den Hebel der Veränderung ansetzen? Ehe man sich auf kostspielige Trainingsprogramme für die gesamte Organisation („nach dem Gießkannenprinzip") einlässt, sollte geklärt werden, wo im Unternehmen der größte Handlungsbedarf besteht, um dann die vorhandenen Ressourcen am effektivsten einsetzen zu können. Hier zu eindeutigen Prioritäten zu gelangen, macht sich im weiteren Fortgang des Projektes bezahlt.

Wie lange es dauert, ehe eine neue Unternehmenskultur etabliert ist, hängt von vielen Faktoren ab, zum Beispiel

- wie sehr die Veränderung in gewachsene Denk- und Verhaltensmuster eingreift,
- ob lediglich Teile der Organisation oder das gesamte Unternehmen davon betroffen sind,
- wie groß ein Unternehmen ist,
- wie stark der Wettbewerbsdruck das Veränderungstempo bestimmt.

Sind die Mittel und Möglichkeiten (auch zeitlicher Art) begrenzt, ist es umso ratsamer, den Ansatzpunkt zu wählen, an dem kurz- und mittelfristig die größte Hebelwirkung der Veränderungen erreicht werden kann. Schnelle Erfolge zu erzielen („Quick Wins"), die in der gesamten Organisation kommuniziert werden können, trägt mit dazu bei, die „Vorsichtigen" und „Unentschlossenen" zu überzeugen.

Dessen ungeachtet, bedarf es einer anhaltenden Anstrengung der Organisation (vor allem des Managements), um Veränderungen nachhaltig zu gestalten. Insbesondere gilt es, die beschriebenen Kernelemente einer adaptiven Kultur, nämlich

- die Sensibilität gegenüber dem Unternehmensumfeld (1),
- die Fähigkeit zur Bildung interner und externer Netzwerke (2),
- die Akzeptanz und Nutzung organisationaler Vielfalt (3) und
- die gemeinsame Ausrichtung auf Ziele und Standards (4)

kontinuierlich zu pflegen und permanent im Unternehmen zu verankern.

Unterstützung erfährt dieser Prozess durch flankierende Maßnahmen, z. B. sollte genau geprüft werden, ob bestehende Bonussysteme oder sonstige Leistungsanreize den beabsichtigen Verhaltenswandel unterstützen oder dieser Intention zuwiderlaufen. Wer primär Einzelleistungen und Bereichsleistungen honoriert, darf sich nicht wundern, wenn effektive Netzwerkstrukturen nur rudimentär entstehen.

Längerfristig angelegt sind Führungskräfteentwicklungsprogramme, die neben den fachlichen Kompetenzen den Fokus auf jene Führungseigenschaften legen, die den kompetenten Umgang mit zunehmend instabilen und komplexen Situationen ermöglichen. Denn lange „Verschnaufpausen" zwischen den einzelnen Phasen der Veränderung, die sich viele wünschen, wird es aller Wahrscheinlichkeit nach in Zukunft immer seltener geben.

## 2.6 Barrieren gegen die Veränderungen

Um zu verstehen, warum Unsicherheiten bei Kulturveränderungen zwangsläufig entstehen, lohnt es sich, die Funktion von Kultur in Erinnerung zu rufen. Anthropologen haben schon früh auf die Stabilisierungs- und Ordnungsfunktion von Kulturen hingewiesen. Zu einer Kultur zu gehören, schafft Zugehörigkeit und Identität. All dies wird uns immer dann bewusst, wenn wir uns in fremden Kulturen bewegen. Der Kontakt mit chinesischen Geschäftspartnern unterliegt ganz offensichtlich anderen Regeln und Gepflogenheiten als entsprechende Begegnungen in Zentraleuropa (und selbst da gibt es noch große Unterschiede). Und was für die nationalen Kulturen zutrifft, gilt ebenso für Unternehmenskulturen. Auch sie spielen eine wichtige Rolle für das Selbstverständnis der Organisation und ihrer Mitarbeiter.

Wie alle Kulturen bieten auch Unternehmenskulturen Sicherheit und Orientierung für ihre Mitglieder. Wie wichtig dieser „interne Kompass" für uns ist, wird vielen erst dann so richtig bewusst, wenn er verloren geht, weil das Ziel, nach dem sie sich ausgerichtet haben, so nicht mehr existiert. Das erklärt auch teilweise die Schwierigkeiten, die entstehen, wenn gewachsene, fest etablierte Kulturen verändert werden müssen. Nicht jeder ist sofort bereit, Vertrautes (und scheinbar Bewährtes) über Bord zu werfen, besonders dann, wenn noch nicht ersichtlich ist, was an seine Stelle treten wird. Ungeachtet aller Brücken, die man Menschen baut, um sie aus ihrer „Komfortzone" zu locken und etwas Neues zu wagen, sperren sich dennoch viele gegen den Wandel. Für sie stellt Veränderung an sich schon eine potenzielle Bedrohung dar, die erhebliche Lernbarrieren auslöst. Die psychologischen Gründe hierfür sind vielfältig. Wer sich auf Unbekanntes einlässt, läuft Gefahr:

- *wenigstens temporär seine Fachkompetenz zu verlieren:* Welche Führungskraft mag es schon, wenn ihre Fachkompetenz nicht mehr ausreicht, um die „richtigen Antworten" zu geben. So manche Führungskräfte tun sich damit schwer. Wer jahrelang in leitender Position war und die Entwicklung des Unternehmens maßgeblich gestaltet hat, hat mitunter Schwierigkeiten, eine Kehrtwendung zu vollziehen und einen völlig neuen Kurs zu vertreten. Dies erzeugt Glaubwürdigkeitsprobleme, sich selbst gegenüber und in den Augen der anderen.

- *für den Verlust an Kompetenz bestraft zu werden:* Wer nicht schnell die erforderliche Qualifikation erwirbt, wird anderweitig eingesetzt oder verliert den Job – wenigstens wird das so erlebt.

- *einen Teil seiner persönlichen Identität zu verlieren:* Wer sich in der Vergangenheit sehr stark mit den Zielen und Werten seines Unternehmens identifizierte, wird es schwer haben, neue Ziele und Wertvorstellungen zu verinnerlichen.

- *nicht mehr zu seiner Gruppe zu gehören:* Wer sich nicht mehr mit der Gruppe solidarisch erklärt, wird leicht zum Außenseiter. Um dies zu vermeiden, „heult man lieber mit den Wölfen" und widersetzt sich der Veränderung. Die Gefahr der Entfremdung von der vertrauten Gruppe ist möglicherweise einer der wesentlichen Gründe, weshalb kollektive Veränderungsprozesse immer wieder ins Stocken geraten. Die „Gruppe" bietet einen sicheren Hafen, wenn individuelle Ängste oder Bedenken überhand zu nehmen drohen.

Gerade im Hinblick auf den letzten Punkt wird deutlich, dass die Gruppendynamik sowohl den individuellen als auch kollektiven Lernprozess entscheidend unterstützten oder behindern kann. Diskussionen in Arbeitsgruppen oder Teams helfen, Ängste und Vorbehalte offenzulegen und durch die gemeinsame Entwicklung von Lösungen „beherrschbar" zu machen. Die Gefahr besteht natürlich bei „fest etablierten Teams", dass sie sich gegenseitig in ihrem Frust und in ihrer Ablehnung der Veränderungsbemühungen bestärken.

Die identifizierten Lernbarrieren sind ernst zu nehmende Hindernisse im Kulturwandel. Ihnen kann effektiv begegnet werden, indem man die Gemeinsamkeiten beschwört: Alle befinden sich mehr oder weniger in der gleichen Situation, müssen mit den gleichen Unwägbarkeiten umgehen. So manches Mal ist „geteiltes Leid tatsächlich halbes Leid". Am schnellsten werden die Vorbehalte jedoch abgebaut, wenn es gelingt, eine attraktive Alternative zu dem Bisherigen aufzubauen, wenn erkennbar wird, dass die Neuerungen auch spürbare Verbesserungen und Vorteile für den Einzelnen mit sich bringen.

Eine wichtige Voraussetzung für den Erfolg des Kulturwandels ist die kontinuierliche Begleitung des Veränderungsprozesses. Die Erfahrung zeigt, dass Organisationen nur zu gerne – absichtlich oder unbeabsichtigt – in alte Denkstrukturen und Routinen verfallen. Der nachhaltige Erfolg stellt sich nur ein, wenn es auch ein entsprechendes Nachhalten und Unterstützen gibt.

# 3 Den Kulturwandel managen – Anforderungen an Führungskräfte

Auch wenn die Entscheidung, in Sachen Unternehmenskultur aktiv zu werden, vom Top-Management getroffen wird, tragen die Hauptlast der Arbeit im operativen Alltag die mittleren Führungskräfte. Sie sind dabei von oben und unten einem hohen Erwartungs- und Leistungsdruck ausgesetzt. Vom Top-Management werden ihnen ambitionierte und detaillierte Vorgaben zur weiteren Geschäftsentwicklung gemacht, während sie vonseiten ihrer Mitarbeiter mit den Bedenken, Sorgen, auch Ängsten konfrontiert werden, die sich bei größeren Veränderungsprozessen zwangsläufig ergeben. Diese „Sandwich-Position" sorgt für zusätzliche Reibereien und macht vielen im mittleren Management das Leben schwer.

## 3.1 Das mittlere Management – Zwischen allen Fronten

Das mittlere Management stellt das entscheidende Bindeglied zwischen den strategischen Zielen der Kulturveränderung und der operativen Umsetzung dar. Es ist gewissermaßen der Transmissionsriemen, der die Kernbotschaften des Kulturwandels in die Organisation tragen und vorleben muss. Mit seinem Engagement steht und fällt die Glaubwürdigkeit des Veränderungsprozesses. Umso entscheidender ist es, diese Führungskräfte frühzeitig für den Kulturwandel zu gewinnen, denn ohne ihre tatkräftige Unterstützung bleibt der Kulturwandel Stückwerk.

Doch an dieser Stelle geht es nicht nur um die Einbindung und Überzeugung, sondern ebenso um die Unterstützung des mittleren Managements. Veränderungen der Unternehmenskultur erfordern andere Führungseigenschaften als der „normale Geschäftsbetrieb". Es ist dabei im Prinzip gleichgültig, ob es um partielle Veränderungen geht – um bei unserem Beispiel der Kundenorientierung zu bleiben – oder ob eine tiefgreifende Veränderung als Folge eines Integrationsprozesses erforderlich ist. Der qualitative Unterschied wird deutlich, wenn man sich die in den angelsächsischen Ländern übliche Unterscheidung zwischen den Führungsrollen „Leader" und „Manager" in Erinnerung ruft.

„Manager" sind hauptsächlich mit der Umsetzung von Zielen und Vorgaben befasst. Sie sind verantwortlich für die Einhaltung von Prozessen und operieren im Zielkorridor etablierter Unternehmensstrategien und Praktiken. Sie spielen eine essenzielle Rolle für das effektive Managen des Tagesgeschäftes.

„Leader" hingegen haben eine Vision von der zukünftigen Entwicklung des Unternehmens. Sie sind bereit, Bestehendes in Frage zu stellen, Aufbruchstimmung unter ihren Mitarbeitern zu erzeugen und sie für die Veränderungsziele zu mobilisieren. Sie bieten Perspektiven an, mit denen sich der Einzelne identifizieren kann. Und sie vermitteln ein gewisses Maß an Sicherheit in turbulenten und unübersichtlichen Zeiten (Leader in diesem Sinne kann es auf allen Ebenen geben). Im Idealfall sind Führungskräfte in der Lage, flexibel zwischen den beiden unterschiedlichen Rollen zu wechseln, je nachdem, wie es die Situation erfordert.

Bei weitreichenden Kulturveränderungen, die einen Paradigmenwechsel in den Einstellungen und Verhaltensweisen beinhalten, stehen eindeutig die „Leader"-Eigenschaften im Vordergrund. Kulturwandel bedeutet ja gerade das Ausbrechen aus eingefahrenen Routinen und das Sich-Einlassen auf Neues und Unbekanntes. Es braucht Überzeugungskraft, Engagement und eine Vision, für die es sich einzusetzen lohnt. Damit ist aber auch klar, dass Führungskräfte nicht gleich eine Antwort auf alle Fragen haben können. Was heißt denn z. B. optimale Kundenorientierung? Wer ist davon unmittelbar betroffen und was bedeutet es für den Einzelnen oder die Führungskraft? Präzise Antworten auf diese oder ähnliche Fragestellungen ergeben sich erst im Laufe des Umsetzungsprozesses. Nicht immer findet man sofort die richtigen Antworten. Es liegt in der Natur der Sache, dass nachgebessert werden muss, wenn nötig mehrfach. Diese Unsicherheit auszuhalten und gegenüber den Mitarbeitern zu vertreten, gehört mit zu den größten Herausforderungen für eine Führungskraft. Bei Weitem nicht jeder kann damit gut umgehen, denn die meisten Menschen wünschen sich, besonders in unsicheren Zeiten der Veränderung, nichts sehnlicher als klare Perspektiven und Sicherheit für ihr eigenes Handeln.

Hierbei lassen sich jedoch ganz generell unterschiedliche Reaktionsmuster auf Veränderungen identifizieren (siehe auch Kapitel 2), die man in Unternehmen bei größeren (oder auch schon kleineren) Veränderungen beobachten kann. Stark vereinfacht lassen sich drei Kategorien individueller Reaktionen unterscheiden: die spontanen Unterstützer, die Abwartenden und die Resignierten.

1. Die spontanen Unterstützer

    So mancher hat schon seit Langem darauf gewartet, dass sich im Unternehmen etwas bewegt. Endlich ist es soweit. Auch wenn nicht gleich jeder „hurra" schreit, man ist grundsätzlich bereit, den Veränderungsprozess zu unterstützen. Zum einen hat man selbst schon lange die Notwendigkeit von Veränderungsmaßnahmen erkannt. Zum anderen sieht man persönlich auch die Chance, sich mehr einzubringen oder auch persönlich davon zu profitieren. Es gibt genügend Mitarbeiter, die sich nur zu gerne engagieren und ihre Vorstellungen einbringen möchten. Diese Personen sind in allen Bereichen zu finden. Oft überrascht das Ausmaß, in dem Unterstützung angeboten wird. Entscheidend ist, diesen Personen die Chance zu bieten, sich bewusst mit ihren Ideen einzubringen.

2. Die Abwartenden

    Viele Menschen stehen Veränderungen zunächst zurückhaltend gegenüber. Diese Tatsache hängt mit einer grundlegenden menschlichen Risikoaversion zusammen: Die meisten von uns begeben sich nur äußerst ungern in Situationen, die sie nicht kontrollieren können oder deren Ausgang unbestimmt ist. Diese Gruppe dürfte den größten Teil der Mitarbeiter ausmachen, die sich erst einmal nicht engagieren oder bewusst „raushalten" und erst einmal die weitere Entwicklung abwarten.

3. Die Resignierten

Die Zahl derer, die bereits durch aufwändige und aufreibende Change Prozesse gegangen sind, wächst in vielen Betrieben. Vor allem in größeren Unternehmen ist kaum mehr jemand anzutreffen, der nicht bereits mehrere Change Prozesse erlebt hat – oftmals mit sehr unterschiedlichen Erfahrungen. Wer solche Zeiten „überlebt" hat, lässt sich für neue Initiativen und Parolen nur schwer, wenn überhaupt begeistern. Diese „Veränderungsmüdigkeit" äußert sich in Reaktionen, die von innerer Distanz bis zu blankem Zynismus reichen. Die Ernüchterung hat teilweise etwas mit dem geringen Erfolg der letzten Veränderungsmaßnahme zu tun (wenigstens wird dies so erlebt), teils weiß man aus leidvoller Erfahrung, dass nach jedem Projekt bereits das nächste wartet. Wenn man so von Veränderungsprojekt zu Veränderungsprojekt gehetzt wird, geht einem leicht die Puste aus. Erfahrungsgemäß steigen auch mit jedem Projekt der Arbeitsdruck und die zeitliche Belastung noch weiter an. Die Menschen sind es leid, immer wieder vor den „Karren der Veränderung" gespannt zu werden. Sie reagieren besonders sensibel auf „fromme Sprüche", hehre Absichtserklärungen und offenkundige Diskrepanzen zwischen dem gesprochenen und dem gelebten Wort.

Mit diesen Reaktionsmustern müssen Führungskräfte kompetent umgehen können. Sie müssen sich auf die unterschiedlichen Bedürfnisse und Erwartungen ihrer Mitarbeiter einstellen können und die „Leute dort abholen, wo sie sind". Das bedeutet eben auch, dass Vorgesetzte ein Sensorium benötigen (oder entwickeln müssen), mit dem sie auf die unterschiedlichen Bedürfnislagen flexibel reagieren können.

## 3.2 Spezielle Anforderungen an Führungskräfte beim Kulturwandel

Es gibt einige grundsätzliche Kompetenzen, die für den Kulturwandel relevant sind. Je stärker sie bei einer Führungskraft ausgebildet sind, desto größer sind die Chancen, dass sie ihrer anspruchsvollen Rolle gerecht werden kann.

Abbildung 3.1: Kognitive Anforderungen an Führungskräfte im Veränderungsprozess

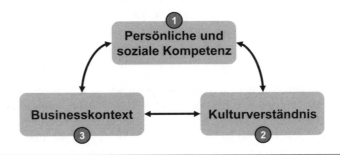

### Persönliche und soziale Kompetenz (1)

Wer für einen Kulturwandel verantwortlich zeichnet, ist nicht primär in seiner Rolle als Fachexperte gefordert. In weit stärkerem Maße kommt es in solchen Situationen auf die *sozialen Kompetenzen* an, d. h. zwischenmenschliche Beziehungen konstruktiv und zielorientiert zu gestalten. Dazu gehört beispielsweise auch die Fähigkeit, sich in die Lage anderer zu versetzen (Empathie), oder die Fähigkeit, zu anderen Menschen vertrauensvolle Beziehungen zu entwickeln, die auf gegenseitigem Respekt basieren. Übertragen auf praktische Führungsaufgaben, werden dadurch die Voraussetzungen für ein effektives Teammanagement geschaffen. Eine ganz wichtige Fähigkeit gerade im Veränderungsprozess ist das „effektive Feedback geben" (siehe dazu Kapitel 9.1). Empathie, Respekt und Vertrauen sind auch essenzielle Voraussetzungen, um Konflikte konstruktiv lösen zu können.

Wer über ausgeprägte soziale Kompetenzen verfügt, ist auch eher in der Lage, Menschen dazu zu motivieren, dass sie sich einbringen, Engagement zeigen, etwas wagen. Ganz abgesehen davon, dass die emotionale „Mobilisierung" der Mitarbeiter eine ganz entscheidende Voraussetzung für die erfolgreiche Umsetzung von Veränderungszielen darstellt.

Andere zu motivieren setzt allerdings auch voraus, dass man in der Lage ist, seine persönlichen Stärken (und Schwächen) realistisch einzuschätzen. Unter *persönlichen Kompetenzen* sind – vereinfacht ausgedrückt – all jene Kompetenzen zu verstehen, die es dem Einzelnen ermöglichen, mit den eigenen Emotionen kompetent umzugehen und sie gezielt einzusetzen. Das dazu nötige Selbstmanagement erfordert Selbsterkenntnis und ein großes Maß an Selbstdisziplin. Nachweislich sind Führungskräfte, die über derartige Kompetenzen verfügen, im Vorteil gegenüber ihren Kollegen.

Daniel Goleman (1998) hat diese beiden Kompetenzen unter dem Begriff der „Emotionalen Kompetenz" zusammengefasst. „Für herausragende Leistungen in allen Berufen und in jedem Bereich ist emotionale Kompetenz doppelt so wichtig wie rein kognitive Fähigkeiten. Erfolg auf den höchsten Ebenen, in Führungspositionen, lässt sich praktisch zu hundert Prozent mit emotionaler Kompetenz erklären" (Goleman 1999).

Ähnlich argumentiert auch Peter Senge, einer der profiliertesten Forscher auf dem Gebiet der lernenden Organisation in seinem Buch „The Fifth Discipline". Er gelangte bereits in den frühen 90er Jahren zu der Erkenntnis, dass „Personal Mastery" als Prozess, d. h. das Bewusstmachen der eigenen Ziele und Fähigkeiten und der ständige Abgleich mit den Erfordernissen der Umwelt, einen der essenziellen Bausteine einer lernenden Organisation bildet. Ohne diese Fähigkeiten sind Führungskräfte nicht in der Lage, einen systematischen und zielgerichteten Lernprozess in einer Organisation zu initiieren und erfolgreich zu führen. Und um nichts weniger geht es im Falle eines Kulturwandels.

Die Bedeutung der persönlichen und sozialen Kompetenzen von Führungskräften wird auch in der bereits zitierten GLOBE-Studie über den Zusammenhang von Kultur und Führung betont (Chhokar, Brodbeck & House 2007). Auf der Basis einer in 25 Ländern durchgeführten Vergleichsstudie kommen die Autoren zu dem Schluss, dass das typische Führungsverhalten in Deutschland (bei geringfügigen Unterschieden zwischen ost- und westdeutschen Managern) im Wesentlichen durch eine starke Sicherheitsorientierung, hohe Leistungsorientierung, Autonomie und Partizipation (im Sinne einer institutionalisierten Partizipation durch Mitbestimmung) gekennzeichnet ist. Auffallend niedrig hingegen sind im internationalen Vergleich die Werte für die „Humane Orientation", d. h. persönliche Beziehungen aufbauen, Empathie zeigen, Teams motivieren und führen, Netzwerke bilden, also all das, was wir mit sozialen Fähigkeiten umschrieben haben.

In Deutschland wird – diesen Daten zufolge – immer noch nach dem Motto geführt „Tough on the issue, tough on the person". Vor dem Hintergrund einer sich verändernden Erwartungshaltung in der Gesellschaft, zu der auch die Forderung nach einer Gleichstellung der Frau oder der Wunsch nach weniger „sozialer Kälte" gehört, raten die GLOBE Autoren den Unternehmen und Führungskräften, größeres Augenmerk auf die Entwicklung interpersoneller Kompetenzen zu legen. Den Unternehmen empfehlen sie, sich verstärkt um einen Wandel der Unternehmenskulturen in Richtung mehr Flexibilität und Offenheit zu arbeiten. Insbesondere legen sie den Unternehmen ans Herz, die Entwicklung der persönlichen und sozialen Führungskompetenzen zu fördern. Diese Kompetenzen (z. B. Netzwerke zu entwickeln und zu pflegen) werden im Kleinen (innerhalb der Unternehmen) wie im Großen (in internationalen Partnerschaften) angesichts der fortschreitenden Globalisierung und Interdependenz der Märkte immer notwendiger.

Die sozialen und persönlichen Kompetenzen von Führungskräften erweisen sich somit im Rahmen von Kulturveränderungsprozessen als entscheidendes Erfolgskriterium. Wer mehr über seine persönlichen Stärken und Schwächen erfahren möchte, kann auf das Angebot einschlägiger Instrumente wie beispielsweise Persönlichkeitsprofile oder 360-Grad-Beurteilungen zurückgreifen (Näheres dazu in Anhang 12.6). Diese Kompetenzen sind prinzipiell trainierbar. Wer sich seiner Schwächen bewusst ist, kann durch gezielte Maßnahmen seine persönlichen Fähigkeiten spürbar erweitern (Cherniss 1998).

### Kulturverständnis (2)

Ohne ein solides Verständnis der eigenen Organisation sowie der vorherrschenden Einstellungen und Verhaltensweisen (im positiven wie im negativen Sinne) im Unternehmen, ist es schwierig, die richtigen Hebel für einen Kulturwandel zu finden. Die Veränderung der Unternehmenskultur setzt auch ein klares Verständnis dessen voraus, was zu erhalten ist. Welche Werte, Einstellungen oder Verhaltensmuster haben bislang zum Unternehmenserfolg beigetragen und sollten auch in Zukunft erhalten bleiben und worauf würde man in Zukunft besser verzichten? Die offiziell kommunizierten Unternehmenswerte, Leitlinien und Ziele spiegeln nur bedingt die Realität wider. Vorwiegend handelt es sich um Absichtserklärungen und Zielvorgaben, die sich ein Unternehmen selbst gesetzt hat. Die Wirklichkeit beschreiben sie in den seltensten Fällen. Diese kommt weitaus stärker durch die im Unternehmen praktizierten Annahmen zum Ausdruck. Annahmen sind, wie schon dargelegt, so etwas wie die „ungeschriebenen Gesetze" einer Organisation, die alle kennen und nach denen auch gehandelt wird (siehe hierzu auch Abb. 1: Die Kulturpyramide, und Kapitel 2). Annahmen existieren unterhalb der Oberflächenstruktur einer Unternehmenskultur. Gerade wegen ihrer Verhaltensrelevanz ist es notwendig, sie zu identifizieren.

Mit der Unternehmensgröße steigt zwangsläufig auch die Heterogenität der Unternehmenskultur. Die Marketingabteilung erwartet Kreativität und Spontaneität, während die Produktion – aus gutem Grund – größten Wert auf das penible Einhalten bestehender Arbeitsvorschriften legt. Die Differenzen in Subkulturen können durchaus erhebliche Konflikte oder Reibereien in der Zusammenarbeit verursachen, wenngleich jede Subkultur im Kontext ihres Aufgabengebiets durchaus ihre Existenzberechtigung hat.

In der Vielfalt liegt natürlich eine große Chance, doch ebenso ein ständiges Konfliktpotenzial. Die Herausforderung für Führungskräfte besteht gerade im situationsspezifischen Managen dieser Komplexität. Wer mit multinationalen Organisationsstrukturen zu tun hat, für den gehört dies zum alltäglichen Geschäft. Zu den kulturellen Besonderheiten der jeweiligen Organisation kommen noch die Unterschiede aus den nationalen Kulturen hinzu. Wem es da an der notwendigen soziokulturellen Kompetenz mangelt, stößt schnell an seine Grenzen – trotz exzellenter Fachkenntnisse.

In dem Zusammenhang sei nur am Rande darauf hingewiesen, dass nationale Kulturen sowohl auf die Kultur des Unternehmens als auch auf die Effektivität von Führungsverhalten einen erheblichen Einfluss haben. Geert Hofstede, einer der Pioniere der vergleichenden Kulturforschung, hat den Zusammenhang zwischen nationaler Kultur und Organisationskultur untersucht und gelangt zur der Schlussfolgerung, dass die nationalen Kulturen letztendlich einen deutlich größeren Einfluss auf das Verhalten der Menschen ausüben als Organisationskulturen.

Entscheidend ist an dieser Stelle folgende Erkenntnis: Kein „Leader" oder „Manager" operiert in einem sozio-kulturellen Vakuum. Der jeweilige Kontext entscheidet über Erfolg oder Misserfolg seines Verhaltens. Jemand, der einen konsensorientierten Führungsstil pflegt, wird in einem Unternehmen mit direktivem Führungsstil unweigerlich auf Schwierigkeiten stoßen, da die Erwartungshaltung der Kollegen und Mitarbeiter eine andere ist. Jeder Kulturwandel setzt also ein möglichst differenziertes Verständnis der Führungskraft für die eigene Unternehmenskultur voraus.

## Kenntnisse des Businesskontexts (3)

Wir haben bewusst die sozialen bzw. persönlichen Kompetenzen sowie das Verständnis der eigenen Unternehmenskultur in den Vordergrund gestellt, weil sie für unser Thema von ausschlaggebender Bedeutung sind. Gleichzeitig haben wir bis dato vorausgesetzt, dass die Führungskraft über grundsolide Kenntnisse des eigenen Geschäfts verfügt.

Nur wer die Geschäftssituation seines Unternehmens gut genug kennt sowie sensibel dafür ist, was sich in seinem Markt abspielt, und ein Gespür für die wichtigsten Entwicklungstrends in seiner Branche besitzt, hat überhaupt eine Chance, angemessen darauf zu reagieren. Mit anderen Worten: Wer keine Sensorien dafür hat, was sich „draußen" abspielt, wird schwerlich ermessen können, welcher Handlungsbedarf im eigenen Unternehmen besteht. Erst aus der wahrgenommenen Diskrepanz zwischen den genauen Erfordernissen einerseits und dem, was an „Mindsets" und Verhalten im Unternehmen tatsächlich existiert, entwickelt sich ein Verständnis dafür, an welchen Stellschrauben gedreht werden muss, wo ein Umdenken erforderlich ist, das sich auch in erkennbaren Verhaltensänderungen niederschlägt.

In allen drei genannten Bereichen kompetent zu sein, bildet die Grundvoraussetzung für effektives Führen im Kulturwandel. Doch was bedeutet dies im betrieblichen Alltag? Welchen konkreten Anforderungen müssen Führungskräfte sich stellen, um in einer Phase der Unsicherheit und erhöhten Arbeitsbelastung sowohl das Geschäft am Laufen zu halten als auch den mitunter schwierigen Lern- und Erfahrungsprozess der Organisation zu steuern?

## 3.3 Erforderliche operative Kompetenzen

In der Praxis kommt es ganz entscheidend darauf an, dass das Verständnis des Geschäfts, die kulturelle Sensibilität und die persönlichen wie sozialen Kompetenzen in konkretes Verhalten „übersetzt" werden. Im operativen Führungsalltag zeigt sich dies im Kommunikations-, Beziehungs- und Prozessmanagement.

**Abbildung 3.2:** Operative Anforderungen an Führungskräfte im Veränderungsprozess

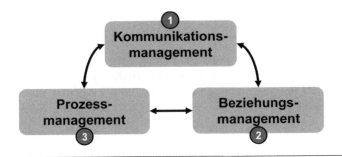

### Kommunikationsmanagement (1)

Ein Kulturwandel stellt hohe Ansprüche an das Kommunikationsmanagement. Angesichts der allgemeinen Unsicherheit über die weitere Entwicklung ist das Bedürfnis nach zuverlässiger Information und Kommunikation in allen Bereichen eines Unternehmens enorm. Am meisten interessiert den Einzelnen natürlich, was sich für ihn ändern wird. Hier ist die Führungskraft gefragt, die in jeder Phase der Veränderung kompetent mit folgenden Aspekten umgeht:

- *Gründe für den Kulturwandel erklären:* Damit ist eines der entscheidenden Probleme des Change Management angesprochen. Auch wenn dem Management seit Langem klar ist, weshalb beispielsweise die Kundenorientierung im Unternehmen erheblich verbessert werden muss, so werden diese Gründe oft nicht ausreichend und überzeugend vermittelt. Ohne dass die Mitarbeiter nachvollziehen können, warum Veränderungen notwendig sind, kann nicht erwartet werden, dass sie voller Begeisterung mitziehen. Und je weniger Informationen fließen und Hintergründe bekannt sind, desto heftiger brodelt es in der Gerüchteküche.

- *Klare Erwartungen an den Einzelnen formulieren:* Ein Kulturwandel bedeutet immer etwas Neues schaffen, sich auf neue Wege begeben. Jeder ist aufgefordert, dazu seinen Beitrag zu leisten. Jeder trägt auch ein Stück Verantwortung dafür, dass es gelingt. Es genügt nicht abzuwarten, was die anderen unternehmen werden. Von jedem Einzelnen ist Engagement gefordert. Diese Botschaft muss klar ausgesprochen werden. Abseits stehen und „mal abwarten, ob das auch klappt" ist nicht akzeptabel.

- *Am Puls der Organisation bleiben und Feedback geben:* Aufnehmen, was sich in der Organisation tut, empfänglich sein für Signale aus der Organisation, das sind ganz wesentliche Fähigkeiten, die für die effektive Steuerung eines Kulturwandels unerlässlich sind – auch und gerade für Führungskräfte. Erkenntnisse über die aktuelle Befindlichkeit liefern eine Reihe von Instrumenten (z. B. Mitarbeiterbefragungen), die tagesaktuelle Schnappschüsse vom derzeitigen Entwicklungsstand liefern. Aber der Kreis schließt sich erst dann, wenn die Ergebnisse und die daraus gezogenen Schlussfolgerungen wieder an die Organisation zurück-gespielt werden. Dieser Kommunikationskreislauf trägt wesentlich zur Glaubwürdigkeit der Führungsmannschaft bei und verhindert eine exzessive Gerüchtebildung.

## Beziehungsmanagement (2)

Wie bereits schon öfter betont, ist die Entwicklung einer neuen Kultur ein kollektiver und individueller Lernprozess, der Vertrautes in Frage stellt und dadurch auch viele Menschen verunsichert. Mitarbeiter beginnen sich zu fragen, ob die Art und Weise, wie sie bislang ihren Job gemacht haben, noch in die Zeit passt? Wird von ihnen etwas gänzlich anderes verlangt? Können sie diesen neuen Anforderungen genügen?

In dieser Situation ist gutes Beziehungsmanagement sehr wichtig. Als wesentliche Anforderungen lassen sich formulieren:

- *Vertrauen zu schaffen ist das A und O des Beziehungsmanagements:* Vertrauensbildung ist ein weites Feld, über das sich trefflich philosophieren lässt. Offenheit und Ehrlichkeit, Verlässlichkeit und Integrität sind wichtige Werte, die eine Führungskraft vorleben muss. Sie sind auch die Voraussetzung für eine vertrauensvolle Zusammenarbeit. Wem es gelingt, Zugang zu Menschen zu finden, sensibel auf unterschiedlichste Interessenlagen zu reagieren, der wird leichter Konflikte lösen oder Menschen motivieren können, sich auf Neues und Unbekanntes einzulassen.

- *Bewusstsein für ein verändertes Rollenverständnis:* Führungskräfte sind in einer Veränderungssituation weniger als Experten und häufiger als Moderator oder Coach gefordert, der dafür Sorge trägt, dass Konflikte auf einem erträglichen Level gehalten werden. Es ist ebenso seine Aufgabe sicherzustellen, dass an den wirklich relevanten (und potenziell konfliktreichen) Themen gearbeitet wird und nicht durch Schuldzuweisungen, Personalisierung von Problemen, Verdrängung oder andere Taktiken davon abgelenkt wird.

- *Unbequeme Stimmen schützen:* Besonders wertvoll bei Veränderungsprozessen sind jene Personen, die unbequeme Fragen stellen, auf Probleme hinweisen und aus den gewohnten Denkkategorien ausbrechen, auch wenn sie dafür gelegentlich angefeindet werden. Sie leisten oft einen essenziellen Beitrag zur Lösungssuche. Ihnen Gehör zu verschaffen, ist eine wichtige Aufgabe der Führungskräfte. Nur zu gern werden Vorschläge, die an liebgewordenen Gewohnheiten rütteln, mit dem Hinweis „abgebürstet": „Das haben wir alles schon einmal gehabt" oder „Das kann nie funktionieren!". Wer so reagiert oder diese Reaktionen zulässt, schafft kein Klima des gegenseitigen Vertrauens, das für neue Ideen Raum lässt.

- *Verständnis und Wertschätzung zeigen:* Kulturwandel bedeutet auch Identitätsverlust. Vertrautes und Bewährtes muss aufgegeben werden, weil es nicht mehr den aktuellen Anforderungen entspricht. Die „Entwertung" der bisher geleisteten Arbeit kommt für so manchen überraschend. Mitarbeiter reagieren verständnislos, wenn ihnen mehr oder weniger vermittelt wird, dass alles, was sie in der Vergangenheit gemacht haben, schlecht war. Dieser Eindruck entsteht leicht, wenn massive Neuerungen durchgesetzt werden, möglichst noch von neuen Führungskräften, die wenig Verständnis für das bisher Geleistete aufbringen. Nur weil unter den neuen Bedingungen beispielsweise ein Arbeitsstil nicht mehr in die Landschaft passt, war er deshalb früher nicht völlig wertlos gewesen. Im Gegenteil, häufig steht dem die Erfahrung entgegen, dass die Mitarbeiter just für diese Leistungen gelobt und belohnt wurden, die jetzt als „wertlos" und „unpassend" gelten. Nichts demotiviert Mitarbeiter mehr als die Unfähigkeit, ihre früheren Leistungen zu würdigen – auch wenn sie heute nicht mehr als Maßstab dienen können.

- *Emotionale Identifikation der Mitarbeiter mit den Veränderungszielen fördern:* Das ist eine entscheidende Hürde im Kulturwandel. Kann diese überwunden werden, ist bereits ein wesentlicher Fortschritt erzielt. Am ehesten gelingt dies, wenn der Einzelne für sich nachvollziehen kann, dass die Veränderung auch persönliche Vorteile mit sich bringt. Je praktischer und konkreter diese Erfahrung ist, desto besser. Abstrakte oder wenig greifbare Ziele („unsere Wettbewerbssituation verbessern" oder „den Shareholder Value erhöhen") haben eher den gegenteiligen Effekt.

## Prozessmanagement (3)

Eine Kulturveränderung muss aktiv betrieben und gesteuert werden. Dazu gehört viel persönlicher Einsatz, vor allem vonseiten der Führungskräfte. Neben dieser generellen Anforderung ergeben sich jedoch im Rahmen des Prozessmanagements weitere spezifische Themen:

- *„Die Mitarbeiter abholen":* Eine der Schwierigkeiten bei Kulturveränderungen besteht darin, dass das Management in seinen Überlegungen schon viel weiter ist, während die Mehrheit der Mitarbeiter immer noch der Vergangenheit nachtrauert oder gerade erst in der Gegenwart ankommt. Kommt der Druck zur Veränderung quasi „aus heiterem Himmel", muss das Anfangstempo entsprechend angepasst werden. Wie bereits in Kapitel 2 (Abschnitt 2.4) erwähnt, muss verstanden werden, wo sich das Gros der Organisation bzw. wichtige Teile mental und emotional befinden und wie gut sie mit dem Veränderungsdruck umgehen können. Ist die Kluft zwischen Management und Mitarbeitern zu groß, wird die Organisation als Ganzes schnell überfordert. Verständnislosigkeit und Frustration aufseiten der Mitarbeiter, Ungeduld und (scheinbarer) Aktionismus aufseiten des Managements sind die Konsequenz.

- *Identifikation der Unterstützer:* Ein Kulturwandel braucht viele Unterstützer, die bereit sind, den neuen Kurs mitzutragen. Sie fungieren als loyale Multiplikatoren auf allen Ebenen der Organisation. Diesen Personenkreis zu identifizieren und bewusst zu unterstützen, ist eine vordringliche Aufgabe jeder Führungskraft.

- *Unterstützung durch das Top-Management:* Häufig ist im Management die Auffassung anzutreffen, das Kulturthema „regle sich mit der Zeit von alleine", wenn sich die Mitarbeiter erst einmal mit der neuen Situation abgefunden haben. Eine beliebte Praxis ist die Delegation des Projektes „Kulturwandel" an die nächste Führungsebene nach dem Motto „die werden das schon richten". Damit kann man dieses Thema erst einmal für sich als erledigt abhaken. Ist auch nur in Ansätzen erkennbar, dass das Top-Management nicht ganz hinter dem Veränderungszielen steht, ist die Glaubwürdigkeit in Mitleidenschaft gezogen.

- *Planen und Ressourcen bereitstellen:* Gern wird unterschätzt, dass ein Kulturwandel mit einem nicht unerheblichen Aufwand verbunden ist. Ohne ein effektives Projektmanagement mit entsprechenden Ressourcen (z. B. qualifizierte Mitarbeiter, verfügbare Zeit) fehlt es dem Projekt an der nötigen Durchschlagskraft. Speziell in Zeiten finanzieller und ökonomischer Schwierigkeiten wird nach Möglichkeiten gesucht, Kosten zu sparen. Maßnahmen zur Optimierung der Unternehmenskultur gehören schnell zu den ersten Opfern bei Streichungen, wodurch jedoch mittelfristig die Resignation der Mitarbeit gefördert wird.

- *Raum und Zeit schaffen für die inhaltliche Auseinandersetzung:* Das Tagesgeschäft geht vor und fordert seinen Tribut. Dennoch muss Zeit bleiben, als Führungskraft ansprechbar und verfügbar zu sein. Nichts ist verheerender, als wenn der Chef sich in schwierigen Zeiten besonders rar macht!

- *80/20-Lösungen, schnelle Entscheidungen – und notfalls korrigieren:* Die perfekte Lösung wird es (sehr wahrscheinlich) nicht geben. Und dennoch braucht es erkennbare Fortschritte. Schnelligkeit ist ein wesentliches Erfolgskriterium. Möglichst bald sollte die Organisation Erfolge vorweisen können, damit erkennbar wird, dass die Maßnahmen greifen und es kein Zurück zum Status quo ante gibt. Auf diese Weise wird die eindeutige Botschaft an die Unentschlossenen und Abwartenden vermittelt, ein „Aussitzen" wird es nicht geben!

Mit den besonderen Anforderungen des Veränderungsprozesses ändert sich auch zwangsläufig die Rolle der Führungskraft.

## 3.4 Fazit: Welche Fähigkeiten brauchen Führungskräfte?

Zusammenfassend lässt sich vor allem eines festhalten: Kulturwandel kann nicht allein mit den „normalen" Managementkompetenzen bewältigt werden. Zur Steuerung des Kulturwandels braucht es vor allem soziale und kommunikative Fähigkeiten, neben dem Prozessmanagement, um Organisationen durch die schwierigen Phasen des Umbruchs und der Neuorientierung zu führen. Erst die Verbindung von fachlicher Qualifikation und sozialen/persönlichen Kompetenzen schafft die Voraussetzungen für ein effektives Kulturmanagement.

Wenn der Kulturwandel scheitert, dann meist nicht, weil es den Akteuren an der prinzipiellen Befähigung, sondern an der Sensibilität mangelt, dass ein solcher Prozess nicht mit den Standardwerkzeugen von Routineprozessen gemanagt werden kann.

Abbildung 3.3: Kognitive und operative Anforderungen im Überblick

### Effektives Führen und persönlicher Führungsstil

Wie wir in Abbildung 3.3 dargestellt haben, sind analytische und fachliche Qualifikationen, gepaart mit einer erheblichen Portion Gespür für Situationen und Menschen, wichtige Vorbedingungen, um mit Veränderungsprozessen geschickt umzugehen. Doch welche anderen Faktoren beeinflussen darüber hinaus den Erfolg einer Führungskraft bei der Steuerung von Veränderungsprozessen?

Selbst wenn es jemandem gelingt, seine eigenen Fähigkeiten in vollem Umfange einzubringen, hängt die Effektivität der Führungskraft natürlich auch von situativen Einflüssen ab, zum Beispiel den Erwartungen oder auch Fähigkeiten der Mitarbeiter. In diesem Zusammenhang gibt es wahrscheinlich nicht nur den einen Führungsstil, der auf alle Situationen passt. Unterschiedliche Situationen erfordern unterschiedliche Herangehensweisen.

So ist es denkbar, dass manche Mitarbeiter „an der langen Leine" geführt werden können, während in anderen Fällen ein „leistungsorientierter" oder auch „direktiver" Führungsstil notwendig ist. Schon so manche Führungskraft ist gescheitert, weil sie den Schalter nicht schnell genug umlegen konnte. Sich auf die Position zurückzuziehen, „Ich bin nun mal so, das ist mein Stil" ist eher kontraproduktiv. Die Situation richtig einzuschätzen und daraus für sich die richtigen Schlussfolgerungen zu ziehen, sind essenzielle Erfolgskriterien. Seinen Führungsstil der jeweiligen Situation anzupassen, setzt aufseiten der Führungskraft nicht nur Sensibilität voraus, sondern auch ein ausgeprägtes Maß an Lern- und Anpassungsfähigkeit.

Es geht aber nicht um die Veränderung von grundlegenden Persönlichkeitsstrukturen. Das ist weder intendiert noch erforderlich und darüber hinaus schlichtweg auch nur bedingt möglich. Wer einmal einen Führungsstil für sich angenommen hat, wird diesen in den wenigsten Fällen ohne Weiteres ändern können. Doch wer in der Lage zumindest ein Sensorium für die verschiedenen Anforderungen auszubilden und seinen eigenen Führungsstil zumindest zu modifizieren und unterschiedlichen Situationen und Erfordernissen anzupassen, wird wesentlich erfolgreicher sein. Auch wenn diese Fähigkeit verschieden stark ausgeprägt ist: Führung ist letztlich ein Handwerk und so kann auch die Adaption von Führungsstilen prinzipiell von jedem erlernt werden. Wir wollen an dieser Stelle von der Erläuterung konkreter Trainingsmaßnahmen absehen und verweisen auf die professionellen Trainings- und Coachingangebote.

# 4 Der Prozess des Kulturwandels im Überblick

Nachdem wir uns in den vorherigen Kapiteln mit grundlegenden Aspekten der Unternehmenskultur und ihrer Veränderung sowie besonders der Rolle der Führungskräfte beschäftigt haben, wenden wir uns nun dem eigentlichen Prozess der Kulturveränderung zu. Wie muss der Veränderungsprozess praktisch angelegt werden, damit er erfolgreich verläuft? Welche Prozessschritte sind erforderlich? Welche inhaltlichen und methodischen Anforderungen ergeben sich daraus für die Organisation in der Durchführung? Und schließlich, worauf sollte besonders geachtet werden bzw. welche Fehler sind tunlichst zu vermeiden?

Das Ziel des vorliegenden Kapitels ist es zunächst, den Gesamtprozess darzustellen. Aus Gründen der Übersichtlichkeit haben wir uns in diesem Kapitel auf eine kurze Beschreibung der wichtigsten Prozessschritte beschränkt. In den nachfolgenden Kapiteln werden dann die einzelnen Phasen ausführlich dargestellt.

**Abbildung 4.1:** Der Kulturwandelprozess im Überblick

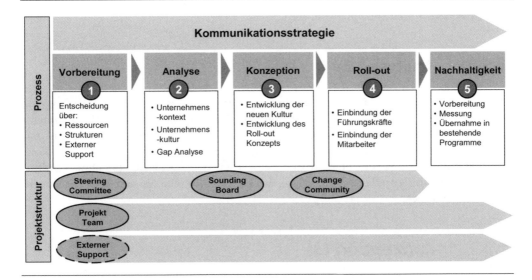

Der allgemeine Prozessverlauf muss natürlich der jeweiligen Unternehmenssituation angepasst werden. Grundsätzlich ist der Prozess jedoch auf alle Unternehmen und Organisationen übertragbar, unabhängig davon, wie groß sie sind oder zu welcher Branche sie gehören.

Ein mittelständischer Betrieb wird sich mit prinzipiell ähnlichen Fragen und Themen auseinandersetzen müssen wie ein Großunternehmen, auch wenn letztendlich das konkrete Vorgehen und der Investitionsaufwand für beide sehr verschieden sein werden.

## 4.1 Vorbereitung (1)

Vorausgegangen ist die Entscheidung im Top-Management-Team oder in der Geschäftsleitung, dass etwas in Sachen „Unternehmenskultur" unternommen werden muss. Damit ist klar: Es wird sich etwas ändern. Wo jedoch der Hebel der Veränderung anzusetzen ist und welche Maßnahmen erforderlich sind, ist noch völlig unklar und konkrete Entscheidungen darüber sind einer späteren Projektphase vorbehalten. Jetzt ist am dringlichsten neben organisatorischen Fragen auch das Thema der verfügbaren Ressourcen zu klären. Zur Organisation: Ohne eine effektive Projektstruktur ist das Vorhaben nicht zu bewerkstelligen. Dazu müssen die wichtigsten Elemente einer Projektstruktur – wenigstens vorläufig – festgelegt werden (Projektleiter, Team, Steering Committee). Grundsätzlich muss geklärt werden, ob das Unternehmen selbst über die erforderlichen Ressourcen verfügt, um ein Vorhaben dieser Art erfolgreich durchzuführen (z. B. könnte es an der mangelnden Verfügbarkeit oder Kompetenz der eigenen Mitarbeiter scheitern). Sollte dies nicht der Fall sein, und dieser Punkt muss relativ schnell abgeklärt werden, wird man nicht umhinkommen, auf externe Unterstützung zurückzugreifen. Sind diese Fragen geklärt, kann mit der inhaltlichen Arbeit begonnen werden.

## 4.2 Analyse (2)

Voraussetzung für eine erfolgreiche Kulturveränderung ist eine gründliche Analyse des Status quo. Dieser Schritt beinhaltet sowohl eine Einschätzung der wichtigsten Umfeldfaktoren (z. B. Marktentwicklungen, Kundenerwartungen, Wettbewerberverhalten) und ihrer Bedeutung für die aktuelle und zukünftige Unternehmenskultur als auch eine kritische Bestandsaufnahme der Stärken und Schwächen der eigenen Unternehmenskultur. Damit werden die Grundlagen geschaffen,, um konkrete Entscheidungen über das weitere Vorgehen zu treffen.

## 4.3 Konzeption (3)

Die Analyse der Unternehmenssituation liefert den Verantwortlichen „schwarz auf weiß", wo die Stärken und Schwächen der Unternehmenskultur liegen. Damit ist allerdings noch nicht entschieden, wie die zukünftige Unternehmenskultur in ihren wesentlichen Elementen beschaffen sein soll. Und vor allem: Wie kann diese Vorstellung am effektivsten im Unternehmen umgesetzt werden? Auch wenn in dieser Konzeptphase wichtige Impulse vom Top-Management ausgehen, sollte die Festlegung der zukünftigen Kulturmerkmale und ihrer Integration in den Alltag unter Einbeziehung von Teilen der Organisation erfolgen. Insbesondere bei Fragen der Umsetzung (des Roll-outs) sollte auf den Sachverstand der Organisation rekurriert werden (Stichwort: Betroffene zu Beteiligten machen), um später einen möglichst reibungslosen Veränderungsprozess einleiten zu können, der auch nachhaltige Ergebnisse zeitigt. Die Konzeptionsphase dient also im Wesentlichen der inhaltlichen und prozessualen Vorbereitung des Kulturwandels.

## 4.4 Roll-out (4)

Hier liegt die eigentliche Herausforderung des Kulturwandels: Die Menschen in der Organisation müssen von der Notwendigkeit überzeugt werden, dass sich möglicherweise ihre Werte, sicherlich aber ihre Einstellungen und ihr Verhalten in Teilen (oder in Gänze) ändern sollen und bewährte Annahmen bald keine Gültigkeit mehr haben. Der wichtigste Hebel im Veränderungsprozess sind zunächst die Führungskräfte: Sie müssen überzeugt und für die Sache gewonnen werden, um dann im nächsten Schritt ihren Mitarbeitern die wichtigsten Veränderungsbotschaften zu vermitteln. Denn ohne die Unterstützung der Beschäftigten (wenigstens großer Teile davon, alle sind nie zu gewinnen) wird sich nichts Durchschlagendes ändern. Wie kann also auf breiter Basis die notwendige Veränderungsdynamik erzeugt und erhalten werden? Wie gelingt es, den unmittelbaren Nutzen der Veränderungsmaßnahmen glaubwürdig zu vermitteln, mit welchen Schwierigkeiten ist zu rechnen und wie kann damit umgegangen werden? Das sind die Themen, die im Fokus der der Roll-out-Phase stehen.

## 4.5 Nachhaltigkeit (5)

Viele mit großem Aufwand und Engagement gestartete Projekte verlaufen, nach anfänglichen Erfolgen, im Sande. In anderen Fällen bleiben die tatsächlich erzielten Ergebnisse deutlich hinter den ursprünglichen Erwartungen zurück. Nachhaltigkeit ist der Lackmustest jedes Veränderungsprojektes. Kurzfristige Verbesserungen bewirken nichts, wenn sie nicht auch von Dauer sind. Neue Einstellungs- und Verhaltensweisen laufen leicht Gefahr – das liegt in der Natur der Sache –, an fest etablierten Gewohnheiten oder schlicht der Gleichgültigkeit vieler zu scheitern. Deshalb muss möglichst früh darüber nachgedacht werden, wie die Nachhaltigkeit der Veränderung sichergestellt werden kann und welche Maßnahmen in den Veränderungsprozess eingebaut werden müssen, um korrigierende Eingriffe zu ermöglichen. Dazu gibt es eine ganze Bandbreite unterschiedlicher Möglichkeiten, die im Rahmen des Veränderungsprozesses in Erwägung gezogen werden sollten. Erst wenn die Frage der Nachhaltigkeit befriedigend gelöst wurde, kann von einem erfolgreichen Kulturwandel gesprochen werden.

## 4.6 Grundsätzliches zum Thema Kommunikation

Allen Lippenbekenntnissen zum Trotz gehört die Kommunikation zu den am meisten vernachlässigten Bausteinen eines Veränderungsprozesses. Die Rolle der Kommunikation als Steuerungsinstrument des Kulturwandels wird gerne unterschätzt.

Alle Veränderungsprozesse – speziell im Bereich der Unternehmenskultur – sind mit Unsicherheiten, teilweise auch Ängsten verbunden. Dieses Stadium ist spätestens dann erreicht, wenn externe Berater im Unternehmen auftauchen und beginnen, (potenziell unangenehme) Fragen zu stellen (siehe hierzu Kapitel 5). Um der Gerüchteküche den Nährboden zu entziehen, ist eine kontinuierliche Kommunikation über Intentionen und Fortschritte, aber auch Misserfolge des Projektes unerlässlich. Dies wird durch eine eigenständige Kommunikationsstrategie zur Begleitung des gesamten Projektes erreicht.

Auf die Kernelemente der Kommunikation wird gesondert und ausführlich in Kapitel 10 eingegangen. Die vom Veränderungsprozess Betroffenen wünschen sich vor allem eines: zuverlässige und zeitnahe Informationen. Wenn dies erfolgt, leistet die Kommunikation einen wesentlichen Beitrag zur Glaubwürdigkeit und damit zum Erfolg des Projektes.

## 4.7 Fazit: Der Prozess der Kulturveränderung

Kulturelle Veränderungen, d. h. ein Wandel in den grundlegenden Einstellungen und Verhaltensweisen sind nicht über Nacht zu bewerkstelligen, zumal dann nicht, wenn es sich um tief verwurzelte und festgefügte Gewohnheiten handelt. Veränderungen dieser Art erfordern Beharrlichkeit, Geduld und viel Überzeugungsarbeit. Mit Anordnen allein ist es nicht getan.

Zur Unterstützung ist ein stringentes Projektmanagement unerlässlich. So wichtig es auch ist, ein klares Konzept und präzise Abläufe zu definieren, es wird immer wieder erforderlich sein, während des laufenden Projektes inhaltliche und methodische Anpassungen vorzunehmen. Bereits nach kurzer Zeit entstehen Lerneffekte, die sich auf das weitere inhaltliche Vorgehen, möglicherweise auch auf das Tempo des Veränderungsprozesses selbst auswirken. Deswegen ist es entscheidend, dass das Vorgehen die notwendige Flexibilität aufweist, um neue Erkenntnisse mühelos integrieren zu können. Keinesfalls sollte der Eindruck entstehen, dass der Prozess in eine Zwangsjacke gepresst wurde, aus der es kein Entrinnen gibt. Kulturwandel bedeutet ja auch, die Lernfähigkeit der Organisation insgesamt zu optimieren. Das gilt auch für den Kulturwandelprozess selbst.

In den folgenden fünf Kapiteln werden die einzelnen Phasen der Kulturveränderung eingehend dargestellt und Hinweise zur praktischen Umsetzung gegeben. Sie sollen Möglichkeiten aufzeigen, Kulturveränderungen zu planen und durchzuführen. Die einzelnen Kapitel sind hierbei als Werkzeugkasten zu verstehen, um die praktische Durchführung zu unterstützen. Schlussendlich haben wir im Rahmen des Anhangs die wichtigsten Instrumente sowie Abläufe von Veranstaltungen für die Durchführung eines Kulturveränderungsprozesses zusammengestellt.

# 5 Vorbereitung des Kulturwandels

Ist erst einmal die Entscheidung für ein Kulturwandelprojekt im Grundsatz getroffen worden, dann sollten unverzüglich die notwendigen organisatorischen Voraussetzungen für den Beginn der Arbeit geschaffen werden. Neben den noch zu erläuternden rein organisationsstrukturellen Aspekten (Projektteam, Steering Committee) muss geklärt werden, ob der Projektauftrag bereits präzise genug definiert wurde. Das ist häufig noch nicht mit dem erforderlichen Detaillierungsgrad geschehen. Eine genaue Auftragsfestlegung ist jedoch die Grundvoraussetzung für ein reibungsloses Arbeiten.

Sobald das Steering Committee und das Projektteam startklar sind, können auch die kritischen Fragen der verfügbaren Ressourcen schnell geklärt werden:

- Ist das Unternehmen in der Lage, das gesamte Projekt (oder nur Teile davon) in eigener Regie durchzuführen?
- Existiert das erforderliche Change-Management-Know-how im Unternehmen?
- Sind die personellen und finanziellen Kapazitäten vorhanden und zum Projektzeitpunkt auch verfügbar?

Je nachdem, wie die Antworten ausfallen, muss auf externen Sachverstand in Form einer Beratungsfirma zurückgegriffen werden. Aus diesen Überlegungen ergeben sich zwei wesentliche Schritte im Rahmen der Vorbereitung.

Abbildung 5.1: Die Phase der Vorbereitung im Überblick

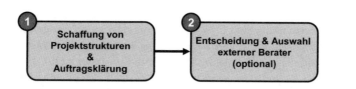

## 5.1 Schaffung von Projektstrukturen und Auftragsklärung (1)

Unabhängig davon, ob externer Sachverstand im Rahmen der Kulturveränderung herangezogen werden muss, sollte rasch entschieden werden, wer im Unternehmen federführend für das Projekt „Kulturwandel" verantwortlich ist und welche Funktionen oder Unternehmensbereiche ständig in das Projekt einzubinden sind. Dieser Personenkreis bildet das Steering Committee.

## Steering Committee

Das Steering Committee ist mit der inhaltlichen Steuerung des Gesamtprojektes betraut. Es besteht aus Teilen des Top-Managements und ausgewählten Experten sowie dem Projektleiter, der als ständiges Mitglied des Steering Committees ein regelmäßiges Update über den Stand des Projektes liefert. Dadurch wird eine zeitnahe Kommunikation zwischen dem Projektteam und dem Steering Committee gewährleistet. Alle wichtigen Entscheidungen, die inhaltliche oder prozessuale Aspekte des Projektes betreffen, werden von diesem Gremium getroffen. Das Steering Committee tagt regelmäßig. Hier erfolgt auch die genaue Auftragsklärung für das Projektteam. Dazu gehören folgende Aspekte:

- Welche Themen liegen im Rahmen des Projektes (Scope) und welche befinden sich außerhalb des Projektrahmens (Out of Scope – um die muss sich das Projektteam nicht kümmern)?
- Was sind die Projektziele soweit sie zum jetzigen Zeitpunkt genau bestimmt werden können. Aus pragmatischen Gründen werden möglicherweise die Ziele nur bis zum Abschluss der Analysephase definiert. Entsprechend den Analyseergebnissen wird dann der Projektauftrag neu festgelegt.
- Welcher Zeitrahmen ist für die Abwicklung des gesamten Projektes vorgesehen?
- Welcher Ressourceneinsatz ist vorgesehen? Es ist sehr zweckmäßig – wenn auch mitunter schwierig –, so früh wie möglich eine Vorstellung von den zu erwartenden Investitionen zu erhalten.

Nach der Besetzung des Steering Committees und der Auftragsklärung ist nun die vordringlichste Aufgabe die Besetzung eines motivierten und kompetenten Projektteams.

## Projektteam

Das Projektteam besteht aus dem Projektleiter und eigens dafür abgestellten Teammitgliedern (die Zusammensetzung ergibt sich aus der konkreten Unternehmenssituation und den im Auftrag festgelegten Rahmenbedingungen). Das Team ist für die praktische, operative Umsetzung des Gesamtprojektes zuständig. Es setzt sich einerseits aus Projektmitgliedern zusammen, die entsprechend den vereinbarten Zielsetzungen ihre Aufgabenpakete abarbeiten, und dem Projekt-Office (PO). Die primären Aufgaben des Projekt-Office während des Projektes sind die klassischen Aufgaben des Projektmanagements:

- Steuerung des Ressourceneinsatzes
- Nachhalten der Zeitpläne
- Sicherung der Qualitätsstandards
- Produktion und Aktualisierung aller Roll-out-Materialien
- Erhebung und Auswertung des systematischen Feedbacks

- Sicherstellen der kontinuierlichen Kommunikation über den Projektfortgang (in Abstimmung mit den Fachabteilungen)
- Erstellung regelmäßiger Updates an das Steering Committee bzw. die Unternehmensführung
- Sofern erforderlich, Steuerung des externen Beraterteams (mehr dazu im nächsten Abschnitt)

Hat das Projekt die ersten organisatorischen Hürden überwunden, beginnt nun die eigentliche Arbeit. Hier werden sich sehr früh inhaltliche Fragen zu den Spezifika der Unternehmenskultur ergeben, die vom Projektteam allein nicht geklärt werden können. Wie bereits in Kapitel 1 und 2 dargelegt, setzt sich jede Unternehmenskultur aus verschiedenen Facetten zusammen, die zum Teil auch ganz unterschiedlich erlebt werden. Und nicht jeder hat vollständigen Einblick in die Besonderheiten der jeweiligen Abteilungen und Bereiche. Es wird also dringend notwendig sein, sowohl die Konzeption des Projektes (also das praktische und inhaltliche Vorgehen) als auch später die Ergebnisse und mögliche Schlussfolgerungen mit einem größeren Kreis kundiger und engagierter Mitarbeiter des Unternehmens zu diskutierten und auf ihren Realitätsgehalt zu überprüfen. Indem der Kreis der Involvierten vergrößert wird, erhöht sich gleichzeitig auch die Legitimationsbasis des Projektes. In der Praxis haben sich hierfür sogenannte „Sounding Boards" bewährt.

## Sounding Board

Wie der Name (engl. sounding out: testing ideas and opinions) schon andeutet, handelt es sich um ein Gremium, das selbst Ideen einbringt und die Ideen anderer testet. Das Sounding Board setzt sich zusammen aus Führungskräften, Experten und Mitarbeitern der wichtigsten Unternehmensbereiche, die als Gruppe aktiviert werden, um erste Arbeitsergebnisse zu kommentieren und auf ihre Plausibilität hin zu prüfen.

Die wichtigsten Aufgaben des Sounding Boards sind:

- Als Sparringspartner für das Top-Management und das Projektteam zu allen Themen der konzeptionellen Gestaltung und des Roll-outs zur Verfügung stehen
- Sicherstellen, dass die teilweise sehr unterschiedlichen Erfahrungen der diversen Unternehmensbereiche bei allen Planungsschritten in die Diskussion einfließen
- Aus „politischen" Erwägungen ein erkennbares Signal in die Organisation schicken, dass alle relevanten Unternehmensteile oder Funktionen bei der Planung des Kulturwandels angemessen vertreten sind
- Bei kurzfristigem Diskussionsbedarf als Gruppe oder durch einzelne Mitglieder dem Projektteam als Ansprechpartner zur Verfügung stehen
- Praktische Hilfestellung bei der Konzeption der Umsetzungsphase leisten

Speziell im Hinblick auf den letzten Punkt leisten die Mitglieder des Sounding Boards einen essenziellen Beitrag. Ihre größere Nähe zum operativen Geschäft macht sie zum natürlichen internen Berater für das Projektteam, wenn es um die Planung des Roll-outs in der Organisation geht.

Die Mitglieder des Sounding Boards kennen in der Regel die örtlichen Befindlichkeiten, sind mit den kulturellen Besonderheiten (besonders bei international agierenden Unternehmen) bestens vertraut. Mit Hilfe ihrer Vor-Ort-Kenntnisse wird ein maßgeschneidertes Roll-out-Konzept entwickelt, von dem ausgegangen werden kann, dass es auf keine nennenswerten Akzeptanzprobleme in den lokalen Geschäftseinheiten stoßen wird.

Das Sounding Board tagt je nach Dringlichkeit in regelmäßigen Abständen. In der Anfangsphase des Projektes finden diese Treffen in kürzeren Abständen statt. Aus Zeit- und Kostengründen wird man sich – je nach Bedarf – mit Telefon- und Videokonferenzen zufriedengeben. Von großem Vorteil ist ein persönliches Treffen aller Sounding-Board-Mitglieder, möglichst zu Projektbeginn, um ein gemeinsames Verständnis der zukünftigen Aufgabe zu entwickeln und den Zusammenhalt zu stärken.

Die Größe des Sounding Boards ergibt sich aus der Unternehmensstruktur und der Aufgabenstellung. Es ist durchaus praktikabel, auch mit größeren Gruppen (bis zu 50 Personen) zu arbeiten. Außerdem können die Kompetenzen des Sounding Boards vom Projektteam selektiv genutzt werden. Nicht alle Themen oder Fragestellungen müssen immer mit allen Teilnehmern erörtert werden.

Die „Lebenszeit" des Sounding Boards beschränkt sich normalerweise auf die frühe Analyse- und Entwicklungsphase, wenn die kurzfristige Verfügbarkeit von Expertenwissen gefragt ist. Aus Gründen der inhaltlichen Kontinuität ist es sinnvoll, das eine oder andere Sounding-Board-Mitglied für die weitere Mitarbeit am Kulturwandel Projekt zu gewinnen, wie überhaupt die nachhaltige Unterstützung des Veränderungsprozesses durch interne Kräfte ein zentrales Anliegen des Unternehmens sein sollte. Es liegt im Eigeninteresse des Unternehmens, Veränderungsprozesse weitgehend mit „Eigenmitteln" bestreiten zu können. Folglich sollte man sich darüber bereits in einem frühen Projektstadium Gedanken machen. Bewährt hat sich in diesem Zusammenhang die Change Community, auf deren Funktion wir in Kapitel 8 gesondert eingehen werden.[6] Jedenfalls leistet das Sounding Board einen wertvollen Beitrag, um die Analysephase möglichst „passgenau" auf die konkrete Situation des Unternehmens zuzuschneiden („Damit die richtigen Fragen gestellt werden").

---

[6] Die Idee der Change Community bzw. der Change Agents hat sich im Laufe der letzten Jahre als eine sinnvolle Alternative zu einer rein externen Prozessbetreuung durchgesetzt und bei zahlreichen Unternehmen etabliert. Siehe hierzu auch Dover (2003).

## 5.2 Externe Unterstützung eines Veränderungsprozesses (2)

Eine erste Einschätzung des Ressourcenbedarfs ergibt möglicherweise, dass man nicht ganz auf externe Beratung und Unterstützung verzichten kann. Wie findet man jedoch den richtigen Berater oder die richtige Beratungsgesellschaft? Wir haben im Folgenden genauer beschrieben, welche Gründe für den Einsatz von Beratern bei kulturellen Veränderungsprojekten sprechen und wie ein Auswahl- und Entscheidungsprozess für externe Beratungsunternehmen aussehen kann.

### Exkurs: Das Für und Wider externer Unterstützung

Die Beschäftigung mit der eigenen Firmenkultur und ihrer gezielten Veränderung gehört nicht zu den Routineaufgaben in Unternehmen. Häufig fehlt es an speziellen Erfahrungen, wie dieses Thema am effektivsten angegangen werden könnte. Vor diesem Hintergrund erscheint die Einbeziehung externen Sachverstandes geradezu zwingend.

Folgende Überlegungen sprechen grundsätzlich für den Rückgriff auf ein Beratungsunternehmen:

- Externe Berater bieten Unabhängigkeit. Sie sind keinem partikularen Interesse innerhalb des Unternehmens verpflichtet und können somit als Neutrale einen Blick auf das Unternehmen werfen sowie beurteilen, welche Stärken und Schwächen es offenbart und wo konkreter Handlungsbedarf besteht.

- Externe Berater bieten Sicherheit. Ihre durch Referenzen überprüfbaren Erfahrungen erhöhen die Wahrscheinlichkeit, dass der Veränderungsprozess im Sinne der Zielsetzung erfolgreich abgeschlossen werden kann.

- Externe Berater bieten finanzielle Berechenbarkeit. Für die Projektarbeit wird ein Kostenrahmen vereinbart (mit fixen und variablen Anteilen), so dass der gesamte Investitionsaufwand (Zeit, FTE, Finanzen) als feste Größe in die laufenden Budgetverhandlungen aufgenommen werden kann.

- Externe Berater schaffen Entlastung für die eigenen Mitarbeiter und Führungskräfte. Hier handelt es sich möglicherweise sogar um den wichtigsten Vorteil. Indem Berater projektspezifische Arbeiten übernehmen, kann das Unternehmen sich voll und ganz auf sein originäres Geschäft konzentrieren, nämlich Geld zu verdienen.

- Externe Berater leisten unter Umständen einen längerfristig bedeutsamen Know-how-Transfer, indem Veränderungswissen weitergegeben wird. Dadurch steigt die Fähigkeit des Unternehmens, zukünftig Veränderungen weitgehend selbstständig bewältigen zu können.

Diesen Vorteilen stehen jedoch potenzielle Nachteile gegenüber.

- Beratern wird häufig mit Misstrauen begegnet, stehen sie doch auch für Kosteneinsparungen und Stellenabbau, welche durchaus die Konsequenzen einer Kulturveränderung sein können, auch wenn dies nicht das zentrale Anliegen ist.
- Mangelnde Kulturexpertise: Viele Beratungsunternehmen verstehen sich als Generalisten, die von der Strategieberatung bis zum klassischen Change Management alle Bereiche kompetent abdecken können. Die Betreuung von Kulturveränderungsprozessen erfordert jedoch eine spezielle „Kulturexpertise" (neben den Standardanforderungen des Projektmanagements). Diese Expertise wird zwar reklamiert, ist allerdings oft nicht in dem erforderlichen Maße vorhanden.
- Zusätzliche Investitionen. Diese können, je nach Aufwand, erheblich sein, auch wenn sie als Investition und nicht als Kosten zu betrachten sind. Dennoch scheut so mancher zunächst den zusätzlichen Aufwand.

Wer nach Abwägung der Vor- und Nachteile zu der Auffassung gelangt, dass externe Unterstützung von Nutzen ist, sollte einen systematischen Auswahlprozess im Sinne einer effektiven Qualitätssicherung vorschalten. Wir haben im Folgenden die wichtigsten Aspekte des Auswahlverfahrens skizziert. Detaillierte Informationen zu einzelnen Punkten finden sich im Anhang (12.2).

### Auswahl externer Berater – Eine Prozessbeschreibung

Voraussetzung für einen optimalen Auswahlprozess ist die präzise Festlegung der Aufgabenstellung: Worum geht es bei dem Projekt und was genau wird von den Beratern erwartet? Diese Fragen müssen zunächst vom Unternehmen in Form eines Briefing-Dokuments beantwortet werden.

#### Briefing-Dokument

Ein ausführliches Briefing-Dokument für die Berater sollte folgende Themen umfassen:

- Alle relevanten Hintergrundinformationen zur Kultur des Unternehmens (Vision, Werte, Leitlinien, Ergebnisse Mitarbeiterbefragungen etc.)
- Informationen zur aktuellen Situation des Unternehmens im Wettbewerbsumfeld (z. B. Produkte, Geschäftsberichte, Marktentwicklungstrends, Wettbewerberanalysen)
- Zielsetzung des Kulturprojektes
- Projektumfang: Was gehört zum Projektrahmen (in scope), was nicht (out of scope)?
- Aufgaben des Beratungsunternehmens
- Erwartete Leistungen des Beratungsunternehmens
- Messkriterien: Woran wird der Erfolg der Beratungsleistung gemessen?
- Projektzeitplan: Konzepterstellung, Pilotierung, Umsetzung

- Projektteam und Projektmanagement: Welche Aufgaben übernehmen die Berater, welche das Unternehmen?
- Welche logistische Unterstützung des Projektes leistet das Unternehmen?

Herrscht Einigkeit hinsichtlich der Aufgabenstellung für die Berater, kann eine Auswahl potenzieller Anbieter vorgenommen werden. Es genügt in aller Regel, zwischen drei und fünf kompetente Beratungsgesellschaften in die engere Wahl einzubeziehen.

Auswahlkriterien für Beratungsinstitute

- Durchgeführte, vergleichbare Projekte im Bereich Kulturwandel (Unternehmen, Aufgabenstellung, Projektumfang, Grad der Zielerreichung, persönliche Referenzen)
- Eigene Erfahrungen mit dem potenziellen Anbieter
- Projektteam (z. B. verfügbares Personal/Kompetenzspektrum)

Der Auswahlprozess

Der Auswahlprozess wird den Anbietern mitgeteilt. Er sieht im Wesentlichen folgende Schritte vor (siehe hierfür auch Anhang 12.2):

1. Versand des Briefing-Dokuments (siehe oben)
2. Persönliches Briefing des Anbieters. Ein Treffen ist einem telefonischen Briefing eindeutig vorzuziehen, da es genügend Klärungsbedarf gibt, der am besten in einem direkten, ausführlichen Gespräch geleistet werden kann. Ein Meeting bietet natürlich auch die Chance, die handelnden Personen „in Augenschein" nehmen zu können, um zu klären, ob auch die „Chemie" stimmt.
3. Vorgaben zur inhaltlichen Struktur der Wettbewerbspräsentationen
4. Terminvorschläge für die Wettbewerbspräsentationen
5. Termin für die finale Entscheidung über die Beraterauswahl

Um die abschließende Entscheidungsfindung zu vereinfachen, ist es unbedingt erforderlich, dass sich alle Anbieter genau an die Präsentationsvorgaben halten. Außerdem ist es sehr hilfreich, wenn im Vorfeld der Präsentationen im Unternehmen ein Kriterienkatalog für die abschließende Bewertung der Anbieter verabschiedet wird.

## 5.3 Kommunikation während der Vorbereitungsphase

Wie schon mehrfach erwähnt, spielt die Kommunikation eine wichtige, aber leider oft auch vernachlässigte Rolle in Veränderungsprozessen. Gerade während der Anfangsphase ist es notwendig, über die Kommunikation an die Organisation nachzudenken. Was genau möchte man zu diesem Zeitpunkt mitteilen, ohne unnötig Unruhe im Unternehmen zu verbreiten, aber gleichzeitig einer möglichen Gerüchteküche die Grundlage zu nehmen? Veränderungsprojekte in wirtschaftlich schwierigen Zeiten geraten schnell in den Generalverdacht, dass es letztendlich um Einsparungsmaßnahmen geht. Es will daher genau überlegt sein, wie viel an Information bereits kommuniziert werden kann. Dafür kann es naturgemäß keine Patentrezepte geben. Was zu tun ist, muss in Abhängigkeit von der konkreten Situation und der Einschätzung der Stimmungslage im Unternehmen erfolgen. Jedoch muss allen Entscheidern bewusst sein, dass die Organisation möglichst früh über die Intentionen des Kulturwandelprojektes in Kenntnis zu setzen ist.

## 5.4 Fazit: Strukturen schaffen, um den Wandel zu gestalten

Kompetentes Projektmanagement bildet eine wesentliche Voraussetzung für einen erfolgreichen Veränderungsprozess. Auch wenn das Top-Management eine wichtige Rolle für den Veränderungsprozess spielt, nur durch die Verbreiterung der Informations- und Diskussionsbasis und die Einbeziehung weiterer Unternehmensebenen werden die Voraussetzungen geschaffen, damit der im Unternehmen verfügbare Sachverstand im Sinne der Projektziele optimal genutzt werden kann. An dieser Stelle sei angemerkt: Was zunächst als ein sehr umfangreiches Projekt mit immensen Investitionen erscheint – und damit viele Manager aus verständlichen Gründen abschreckt –, entpuppt sich nach der Analysephase (in vielen Fällen) als ein überschaubares und zu bewerkstelligendes Unterfangen. Unter allen Umständen sollte das Ergebnis einer soliden Standortbestimmung (Kultur-Audit) abgewartet werden, ehe voreilige Schlüsse gezogen werden.

## Checkliste Vorbereitung

**! Worauf man achten muss**
- Konsens im Management-Team über das (grobe) Ziel der (Kultur-)Veränderung herstellen
- Projektstrukturen: Klärung der Zuständigkeiten und Besetzung der wichtigsten Positionen
- Entscheidung über den Einsatz von Beratern; Klärung des Beratermandats
- Entwicklung der Projektkommunikation (wer sagt was?)

**✗ Was man vermeiden sollte**
- Überhastete Entscheidungen ohne vorherige inhaltliche Auseinandersetzung
- Verunsicherung der Organisation durch zu geringe oder schlecht abgestimmte Kommunikation
- Komplette Delegation des Veränderungsprojektes an externe Berater

**☐ Organisatorische Aspekte**
- Schaffung der Projektstrukturen
  - Projektteam
  - Steering Committee
  - Sounding Board
  - Change Community (Vorauswahl)
- Auswahlprozess externer Berater

# 6 Analyse – Bestimmung des Status quo

Während die erste Prozessphase vornehmlich der Klärung organisatorischer Details dient, beginnt in der zweiten Phase die inhaltlich spannende Analysephase des Projektes:

- Wo befindet sich das Unternehmen im Kontext seines Branchenumfeldes?
- Wodurch zeichnet sich seine Unternehmenskultur aus?
- Auf welche zukünftigen Herausforderungen muss es sich einstellen?

Auf diese und viele weitere Fragen soll die Analysephase Antworten liefern.

Die Grundlage eines erfolgreichen Veränderungsprozesses ist die genaue Analyse der Ausgangssituation. Die Analyse besteht hierbei im Wesentlichen aus zwei Schritten: der Kontextanalyse (1) sowie der Analyse der Unternehmenskultur (2). Die Stärken und Schwächen einer Unternehmenskultur treten erst dann zutage, wenn sie im Kontext des Wettbewerberumfeldes und der Entwicklungstrends im Markt analysiert werden. Es hat sich deswegen bewährt, zunächst mit der Kontextanalyse (1) und den relevanten Einflussfaktoren zu beginnen. Auch wenn damit noch nicht viel über die Unternehmenskultur selbst ausgesagt werden kann, schärft der Blick nach Außen dennoch den Blick für die Besonderheiten der eigenen Firmenkultur. Daran schließt sich die Analyse der Unternehmenskultur (2) und ihrer wichtigsten Ausprägungen an. Die Zusammenführung der gesamten Analysephase im Kultur-Audit-Bericht (3) bildet die Diskussions- und Entscheidungsgrundlage für das Top-Management über das weitere Vorgehen im Rahmen eines Management Reviews (4).

Abbildung 6.1: Die Analysephase im Überblick

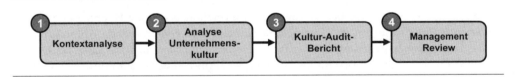

## 6.1 Kontextanalyse (1)

Unternehmen agieren innerhalb einer komplexen und dynamischen Umwelt. Die Kontextanalyse macht deutlich, auf welche Herausforderungen das Unternehmen aktuell und in Zukunft reagieren muss – und welche Schlussfolgerungen sich daraus für die zukünftige Unternehmenskultur ableiten lassen. Doch welche Einflussgrößen sind im Hinblick auf das Thema Unternehmenskultur relevant? Dazu gehören einige grundsätzliche Themenbereiche, zum Beispiel:

- Generelle Markttrends (national und international)
- Angebot neuer Produkte und Dienstleistungen der Wettbewerber
- Marktstrategien und Verhalten der wichtigsten Wettbewerber
- Veränderte Erwartungen der Konsumenten und Kunden
- Neue Entwicklungen bei Lieferanten
- Veränderungen der Distributionskanäle
- Entwicklung neuer Technologien und ihre Auswirkungen
- Veränderungen der regulatorischen Rahmenbedingungen durch nationale und supranationale Gesetzgeber
- Unter Umständen ist eine spezielle Befragung wichtiger Kunden und Lieferanten notwendig, um aktuelle Informationen über veränderte Bedürfnisse und Erwartungen zu erhalten

Zur Standortbestimmung des Unternehmens sollten grundsätzlich alle Informationsquellen genutzt werden, die etwas über die aktuelle Geschäftsituation sowie die Strategie der kommenden Jahre aussagen, zum Beispiel:

- Der letzte Jahresabschlussbericht
- Mitarbeiterbefragungen
- Kundenbefragungen
- Strategische Planungsdaten

Im Idealfall sind all diese Daten im Unternehmen bereits vorhanden und müssen unter Umständen lediglich aktualisiert werden.

Auswertung der Daten: Aus den verfügbaren Informationen werden Hypothesen über zu erwartende Entwicklungen im Unternehmensumfeld und entsprechende Anforderungen an das Unternehmen generiert. Dieses Hypotheseninventar dient in erster Linie zur Definition inhaltlicher Schwerpunkte für die Analyse der Unternehmenskultur. Insbesondere die Annahmen und Erkenntnisse über die Dynamik der Märkte und Wettbewerber liefern wichtige Hinweise, worauf im Rahmen der Analyse der eigenen Unternehmenskultur zu achten ist.

## 6.2 Analyse der Unternehmenskultur (2)

Wo beginnt man inhaltlich mit der Analyse der eigenen Unternehmenskultur? Welche Themen oder Fragen stehen im Vordergrund und gibt es dafür eindeutige Vorgaben? Kulturelle Aspekte (Werte, Einstellungen, Verhaltensweisen) durchdringen die gesamte Organisation und finden ihren Niederschlag in den unterschiedlichsten Bereichen. Folglich

# Analyse der Unternehmenskultur (2)

geht es auch um ein Verständnis darüber, wie sich die vermeintlich „weichen Faktoren" (Werte, Einstellungen) in „harten" Prozess- oder Verhaltensmerkmalen niederschlagen. Daher umfasst eine solche Analyse ein vergleichsweise breites Themenspektrum (siehe hierzu auch Anhang 12.3). Mögliche Themenschwerpunkte sind in der folgenden Liste beispielhaft aufgeführt:

- Vision, Mission, Unternehmenswerte, Leitlinien und Prinzipien
- Strategische Ziele und Maßnahmen zu ihrer Umsetzung
- Erfolgsfaktoren des Unternehmens
- Führungsverhalten auf allen Ebenen
- Organisationsstrukturen und -prozesse
- Grundlegende Einstellungen/Annahmen im Unternehmen
- Verhaltensweisen am Arbeitsplatz
- Kommunikationsverhalten/-stile im Unternehmen
- Leistungsbewertung und Anreizsysteme
- Stilmerkmale (z. B. Kleiderordnung, Anrede)
- Räumliche Gestaltung
- Symbole, Artefakte

Um möglichst alle potenziell relevanten kulturellen Ausprägungen zu erfassen, lohnt es sich – wenigstens in dieser Phase –, relativ breit zu forschen, d. h. eher mehr Themen zu berücksichtigen, als sich zu früh auf einige wenige Aspekte zu beschränken. Man nimmt damit zunächst bewusst einen etwas größeren Forschungsaufwand in Kauf, um eine solide Basis für weiterführende inhaltliche Entscheidungen zu erhalten. Im weiteren Fortgang des Projektes wird man – nicht zuletzt aus (forschungs-)ökonomischen Gründen – relativ schnell bestrebt sein, einige wenige inhaltliche Schwerpunkte der Unternehmenskultur zu bestimmen, um durch den gezielten Ressourceneinsatz rasch spürbare Erfolge zu erzielen. Doch ehe wir uns der praktischen Durchführung einer Kulturanalyse zuwenden, sollten wir uns die wichtigsten Anliegen des Kultur-Audits vergegenwärtigen. Welche praktischen Ziele werden mit dieser Analyse verfolgt? Da sind zum einen die Ziele, die sich auf die Veränderung selbst beziehen.

- Am Anfang steht die systematische Bestandsaufnahme der Werte, Einstellungen, Annahmen, Verhaltensweisen im Unternehmen. Welches sind die dominanten Einstellungs- und Verhaltensmuster? (Ein praktischer Nebeneffekt der Bestandsaufnahme: Sie kann zu einem späteren Zeitpunkt als „Null-Messung" dienen, um zu überprüfen, ob und in welchem Umfange nachhaltige Veränderungen in wichtigen Einstellungs- und Verhaltensbereichen erfolgten.)

- Konkrete Überlegungen zur zukünftigen Kultur: In allen Unternehmen kursieren Ideen und Optimierungsvorschläge. Sie werden – aus welchen Gründen auch immer – nur nicht zur Kenntnis genommen oder nicht mit der nötigen Entschlossenheit weiterverfolgt. Diese Ideen zu identifizieren und in die weiteren Überlegungen einfließen zu lassen, stellt eine wichtige Aufgabe der Kulturanalyse dar.

- Bewusstsein schaffen: Nicht immer besteht gleich von Anfang an Einigkeit im Management über die Notwendigkeit einer Kulturveränderung, ganz zu schweigen von den Zielen und Maßnahmen, um diese zu erreichen. Differenzierte und belastbare empirische Ergebnisse leisten einen entscheidenden Beitrag zur Versachlichung der Diskussion und zur gemeinsamen Meinungs- und Entscheidungsfindung im Top-Management.

Darüber hinaus gibt es eine Reihe von Zielen, die sich mit Aspekten des Projektmanagements befassen.

- Frühzeitiges Erkennen möglicher Blockaden und Chancen im späteren Umsetzungsprozess: Je früher erkennbar wird, mit welchen Vorbehalten und Widerständen in der Organisation zu rechnen ist bzw. welche Veränderungsthemen auf positive Resonanz im Unternehmen stoßen, desto besser können diese Themen bei der weiteren Planung berücksichtigt werden. Dadurch können später nicht nur unliebsame Überraschungen vermieden werden. Indem potenzielle oder tatsächliche Schwierigkeiten bereits in dieser Phase antizipiert werden, besteht auch die Chance, sich frühzeitig über Lösungen Gedanken zu machen und dadurch unliebsame Verzögerungen in der späteren Umsetzungsphase weitgehend zu vermeiden.

- Hinweise für die Kommunikation: Die Untersuchung liefert differenzierte Informationen im Originalton zu Meinungen und Überzeugungen im Unternehmen. Für so manchen Manager haben die unverblümten, direkten Aussagen der Mitarbeiter einen größeren Wahrheitsgehalt als Prozent- und Durchschnittswerte. Diese Befunde liefern wichtige Erkenntnisse für die spätere Gestaltung der Kommunikation hinsichtlich Themenschwerpunkten, inhaltlicher Aufbereitung und sprachlicher Formulierungen (Tonart).

- Abschätzung des Ressourcenbedarfs: Veränderungen der Unternehmenskultur brauchen ein effektives Projektmanagement mit entsprechenden Ressourcen. Die Analyseergebnisse und die entsprechenden Schlussfolgerungen schaffen die Grundlage für eine erste genauere Kalkulation des zu erwartenden Ressourcenbedarfs und der damit verbundenen Kosten.

Die Analyse bietet eine fundierte Entscheidungsgrundlage für das Top-Management, wie weiter verfahren werden kann, welches die besten Hebel für den Kulturwandel sind und welche praktischen Resultate letztendlich erzielt werden sollen.

Wie der Analyseprozess der Unternehmenskultur aussieht, ist der folgenden Abbildung 6.2 zu entnehmen.

**Abbildung 6.2:** Die Kulturanalyse im Überblick

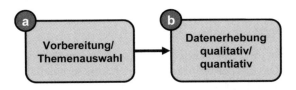

### Vorbereitung/Themenauswahl (a)

Die Festlegung der Themenschwerpunkte für die Analyse der Unternehmenskultur erfolgt in enger Abstimmung zwischen den wichtigsten „Stakeholdern". Allen, die mit den Ergebnissen umgehen müssen, sollte von Anfang an bewusst sein, welche Themen erforscht werden und wie detailliert die Ergebnisdarstellung am Ende sein wird. Was zunächst wie ein nebensächliches Detail erscheinen mag, entpuppt sich später als Politikum, dann nämlich, wenn es um die Transparenz und Verwendung der Ergebnisse geht.

Sollen beispielsweise alle Unternehmensebenen und -bereiche in die Analyse einbezogen werden? Werden Aussagen zu einzelnen Geschäftseinheiten oder Abteilungen gewünscht oder begnügt man sich bewusst mit generalisierenden Aussagen zum Unternehmen (was wenig hilfreich wäre und eher als Indiz zu werten ist, dass man einer differenzierten Analyse lieber aus dem Wege geht)?

Wie differenziert sollen die Ergebnisse für einzelne Management- oder Mitarbeiterebenen ausgewiesen werden, ohne das Gebot der Anonymität der Ergebnisdarstellung zu verletzen? Im einen wie im anderen Fall haben diese Überlegungen grundlegende Auswirkungen auf die Konzeption des gesamten Kultur-Audits. Klarheit und Einverständnis über das Themenspektrum sowie die Auswertungstiefe sollten unbedingt im Vorfeld erzielt werden, möchte man verhindern, dass es später im Falle von unbequemen Ergebnissen zu leidigen Methodendiskussionen kommt, um von der Brisanz einzelner Detailergebnisse abzulenken.

### Datenerhebung (b)

Eine Unternehmenskultur manifestiert sich auf unterschiedliche Weise. Sie zeigt sich in vielen Äußerlichkeiten, angefangen von der Gestaltung der Gebäude oder Büros bis hin zur „Kleiderordnung". Schon der Gang durch ein Firmengebäude kann interessante Rückschlüsse auf die Unternehmenskultur zulassen. Die wichtigsten Merkmale der Unternehmenskultur stecken jedoch in den Köpfen der Mitarbeiter! Was sie denken, fühlen, wahrnehmen steuert ihr tatsächliches Verhalten. Den leichtesten Zugang zu diesen Themen (und den Mitarbeitern) findet man im Rahmen persönlicher Gespräche.

Am ergiebigsten im Sinne von Detailreichtum und Befragungstiefe sind sogenannte qualitative Befragungen. Die Befragungen erfolgen in Form von persönlichen und/oder telefonischen Interviews oder Fokusgruppen. Wenn es um repräsentative Aussagen über alle

Mitarbeiter oder größere Unternehmenseinheiten geht, bieten sich quantitative Befragungen an. Alle diese Methoden haben ihre Vor- und Nachteile, die im Folgenden kurz thematisiert werden.

Qualitative Befragungen

Persönliche Interviews (non-direktive Explorationen) liefern das mit Abstand differenzierteste Datenmaterial. Die Gesprächsführung erfolgt anhand eines Themenkatalogs, der im Gespräch flexibel gehandhabt wird und dem Befragten Gelegenheit gibt, sich zu allen Themen ausführlich zu äußern. Gleichzeitig wird sicherstellt, dass alle projektrelevanten Themen angesprochen werden. Dies setzt allerdings geschulte Interviewer voraus!

Die persönlichen Interviews dauern im Durchschnitt ein bis zwei Stunden und liefern neben differenzierten Aussagen auch gleichzeitig viel Originalton zu wichtigen Kulturmerkmalen des Unternehmens. Der häufig zu hörende Einwand, die Gesprächsdauer stoße insbesondere bei vielbeschäftigten Managern auf Widerstand, hat sich in der Praxis nicht bewahrheitet. Im Gegenteil, die Bereitschaft, sich offen zu äußern, ist eher groß, da die Themen des Kultur-Audits meistens nicht zum „normalen" Diskurs im Unternehmen gehören. Was das praktische Erfassen der Gesprächsinhalte betrifft, haben sich in der Praxis Stichwortprotokolle bewährt, die der Interviewer während des Gesprächs anfertigt und unmittelbar im Anschluss inhaltlich ergänzt. Die Gespräche aufzuzeichnen, stößt häufig auf Widerstand bei den Gesprächspartnern und ist deshalb nicht zu empfehlen.

Telefonische Interviews sind eine gute Alternative zu persönlichen Gesprächen, hauptsächlich dann, wenn ein persönliches Gespräch aus zeitlichen oder finanziellen Gründen nicht möglich ist. Aber so verständlich diese Restriktionen sind, Telefoninterviews können kein vollwertiger Ersatz für persönliche Gespräche sein. Vieles von dem, was an nonverbaler Kommunikation im direkten Gespräch vermittelt wird, muss beim Telefoninterview außen vor bleiben. Besteht aber keine andere Möglichkeit als zu telefonieren, ist wiederum die Expertise des Interviewers gefragt, um verlässliche Informationen aus den Gesprächen zu gewinnen.

Fokusgruppen bestehen normalerweise aus ca. acht bis zwölf Teilnehmern und dauern etwa zwei bis drei Stunden. Entsprechend der Themenstellung werden entweder homogene Gruppen eingeladen, d. h., die Teilnehmer kommen beispielsweise alle aus der gleichen Funktionseinheit. Oder man wählt bewusst eine gemischte Zusammensetzung (Teilnehmer aus unterschiedlichen Bereichen), um gezielt gegensätzliche Standpunkte zu diskutieren.

Die Vorteile der Fokusgruppen liegen auf der Hand: Es ist insgesamt weniger zeitaufwändig und gleichzeitig dynamischer, mit mehreren Gesprächspartnern zur gleichen Zeit zu diskutieren. Außerdem können bewusst unterschiedliche Standpunkte oder Wahrnehmungen diskutieren werden. Dafür sind Fokusgruppen bestens geeignet. Die Nachteile: Sollen alle Teilnehmer zu Wort kommen, kann im Vergleich zum persönlichen Gespräch nur ein reduziertes Themenspektrum behandelt werden. Außerdem entwickelt jede Fokusgruppe ihre eigene „Gruppendynamik". Um das Potenzial dieser Methode voll auszuschöpfen, sollte die Gruppe von einem erfahrenen Moderator geleitet werden.

Für alle Gespräche, ob nun als persönliche Interviews oder in Form von Fokusgruppen, gilt grundsätzlich das Gebot der Anonymität, d. h., Aussagen können bei der späteren Ergebnisdarstellung nicht bestimmten Einzelpersonen zugeordnet werden. Beispiele für Themenkataloge sowohl für die Einzelgespräche als auch die Fokusgruppen finden sich im Anhang (12.3)

**Auswahl der Gesprächspartner**

Ziel dieser ersten Gesprächsrunde ist es, differenzierte Befunde zu allen kulturrelevanten Themen in der Organisation zu erhalten. Das bedeutet, dass die Interviews oder Fokusgruppen auf allen Organisationsebenen und in allen Unternehmensteilen durchgeführt werden. Dies ist schon deshalb notwendig, weil erfahrungsgemäß die Wahrnehmungsunterschiede zwischen dem Management einerseits und der operativen Basis – speziell in der Beurteilung der Unternehmenskultur – zum Teil beträchtlich sind. Mit den Führungskräften werden in der Regel Einzelgespräche geführt. In der Breite der Organisation bietet es sich an, außer einigen gezielten Interviews mit internen „Meinungsbildnern", vor allem auf die Methode der Fokusgruppen zu rekurrieren. Die Anzahl der durchzuführenden Fokusgruppen hängt wiederum von der jeweiligen Fragestellung und Unternehmensgröße ab. Hinweise zur Organisation und Moderation von Fokusgruppen finden sich in Anhang (12.3).

Um die Vergleichbarkeit der Ergebnisse aus den verschiedenen Befragungsrunden (Einzelinterviews und Fokusgruppen) zu gewährleisten, ist eine genaue inhaltliche Abstimmung der Themen erforderlich.

Stichprobe Führungskräfte: Bei der Auswahl der Gesprächspartner wird ein möglichst „repräsentatives" Abbild der Führungsebenen angestrebt. Bei kleinen Unternehmen werden alle Führungskräfte einbezogen, bei großen Unternehmen arbeitet man mit einer Stichprobe. Je nach Unternehmensgröße variiert die (optimale) Zahl der Interviews.

Als Richtwerte können die nachstehenden Zahlen betrachtet werden:

- Kleine Unternehmen: ca. 10-20 Führungskräfte
- Mittlere Unternehmen: ca. 20-50 Führungskräfte
- Großunternehmen/Konzerne: ca. 50-300 Führungskräfte

Stichprobe Mitarbeiter: Bei der Auswahl geeigneter Gesprächsteilnehmer sind alle wichtigen internen Stakeholder zu berücksichtigen. Dazu zählen beispielsweise der unmittelbare Vorgesetzte, die Personalabteilung (HR), der Betriebsrat oder gewählte Mitarbeitervertreter. So hat es sich bewährt, Fokusgruppen mit Vertrauensleuten zu veranstalten, die aufgrund ihrer Praxis- und Mitarbeiternähe bestens über die aktuelle Situation und Stimmungen im Unternehmen informiert sind. Grundsätzlich ist zu berücksichtigen, dass die spätere Akzeptanz der Ergebnisse merklich erhöht wird, wenn die wichtigsten Bereiche oder Gruppierungen im Unternehmen (Stakeholder) Einfluss auf die Auswahl der Gesprächspartner nehmen können.

Pilotierung: In jedem Fall erscheint es sinnvoll, den für die Gespräche entwickelten Themenkatalog bzw. den Fragebogen vorab zu testen, d. h. praktisch einige Probeinterviews durchzuführen, um gegebenenfalls die inhaltliche Struktur und Wortwahl besser an die Gesprächssituation anzupassen.

Die Anzahl der geführten Interviews oder Fokusgruppen ist für sich allein genommen noch keine Qualitätsgarantie. Es hat sich in der Praxis als sinnvoller erwiesen, lieber weniger Gespräche/Fokusgruppen zu führen, dafür aber großen Wert auf die sorgfältige Auswahl der Gesprächspartner (repräsentativer Querschnitt der Organisation) zu legen. Entscheidend ist auch, dass die Gespräche von Personen durchgeführt werden, die über einschlägige Erfahrungen sowohl bei der Gesprächsführung als auch der anschließenden Analyse verfügen. Nur so kann sichergestellt werden, dass empirisch fundierte und belastbare Ergebnisse erzielt werden.

In diesem Zusammenhang noch eine grundsätzliche Anmerkung zur Vorgehensweise: Untersuchungen zur Unternehmenskultur berühren sensible Aspekte des Selbstverständnisses, der eigenen Werte und Grundüberzeugungen. Diese führen teilweise auch zu dezidierter Kritik an der aktuellen Unternehmenskultur, den Führungsstilen und sonstigen Praktiken. Nicht jedem fällt es daher leicht, sich Interviewern gegenüber zu öffnen. Aus Gründen der Neutralität und der Vertraulichkeit empfiehlt es sich daher, die Analyse einschließlich der Schlussfolgerungen von einem neutralen (externen) Anbieter durchführen zu lassen. Ein solcher Dienstleister verfügt auch in der Regel über branchenspezifische Benchmarks, die eine realistische Einordnung der Kultur-Audit-Ergebnisse im Umfeld der wichtigsten Wettbewerber ermöglichen.

Sofern die Auswahl der Gesprächspartner ein „annähernd repräsentatives" Abbild der Belegschaft darstellt, vermitteln die Interviews bzw. Fokusgruppen bereits ein differenziertes und anschauliches Bild der aktuellen Unternehmenskultur mit ihren Stärken und Schwächen. In vielen Fällen bieten somit die qualitativen Befunde bereits eine ausreichende Entscheidungsgrundlage für das Top-Management, um die nächsten Schritte festzulegen.

Quantitative Befragungen

Für den Fall, dass doch die Notwendigkeit besteht, einzelne Ergebnisse statistisch abzusichern, werden quantitative Befragungen durchgeführt. Diese Form der Befragung mit Hilfe eines strukturierten Fragebogens wird dann gewählt, wenn es darum geht, die prozentuale Verteilung bestimmter Einstellungen oder Meinungen im Unternehmen genau zu bestimmen und statistisch abzusichern. Oder ganz einfach deshalb, weil man die Einstellungen und Meinungen der gesamten Belegschaft erforschen möchte. Das entspricht im Wesentlichen dem Vorgehen bei sogenannten Mitarbeiterbefragungen.

Eine quantitative Befragung des gesamten Unternehmens liefert repräsentative Erkenntnisse über die relative Verteilung von Kulturmerkmalen (d. h. Einstellungen und Verhaltensweisen) im Unternehmen. Auf der Basis dieser umfangreichen Daten entsteht ein umfassenderes Bild der Unternehmenskultur. Speziell bei größeren Unternehmen bietet die Quantifizierung eine „sichere" Entscheidungsgrundlage für gezielte Maßnahmen im Kulturwandelprozess. Beispielsweise zeigt sich erst aufgrund der Quantifizierung, welche Aspekte der Kulturveränderung für das Unternehmen die größte Bedeutung haben oder in welchen Unternehmensbereichen (z. B. im Marketing oder in der Produktion) der größte Handlungsbedarf besteht.

Bei der Entwicklung des Fragebogens für die quantitative Erhebung werden natürlich die Ergebnisse der qualitativen Befragungsrunde berücksichtigt. Das Beispiel eines Fragebogens findet sich im Anhang (12.3).

Stichprobe: Der Einfachheit halber wenden sich quantitative Befragungen entweder an alle Personen einer bestimmten Hierarchiestufe oder eines Funktionsbereichs oder generell an alle Beschäftigten des Unternehmens. Erfahrungsgemäß beteiligen sich nicht alle an einer Befragung. Die Ausfüllrate kann sehr unterschiedlich ausfallen. Im Allgemeinen geht man davon aus, dass Ausfüllraten von 50 Prozent und mehr bereits ein gutes Ergebnis darstellen. Quantitative Befragungen sind vergleichsweise wenig aufwändig über entsprechende Programme im Inter- bzw. Intranet zu bewerkstelligen. Wie bei allen Gesprächen oder Befragungen muss die Vertraulichkeit der Ergebnisse gewährleistet sein.

## 6.3 Kultur-Audit-Bericht (3)

Der Kultur-Audit-Bericht enthält eine Zusammenfassung der wichtigsten Ergebnisse aus den vorhergegangenen Analysen (Kontextanalyse und Bestandsaufnahme der Unternehmenskultur) und den sich daraus ergebenen Schlussfolgerungen und Empfehlungen. Der Bericht umfasst folgende Aspekte:

- Methodenteil: Beschreibung aller genutzten Datenquellen, methodisches Vorgehen, Stichproben, Analyseverfahren
- Wichtigste Ergebnisse der Kontextanalyse
- Analyse der Unternehmenskultur: Werte, Normen, Einstellungen und Verhaltensweisen
- Profile eventueller Subkulturen des Unternehmens
- Benennung der kulturellen Stärken und Defizite im Kontext der aktuellen Markt- und Branchenentwicklung (Gap Analyse)
- Erste Ideen und Vorschläge für die zukünftige Unternehmenskultur (z. B. notwendige Verhaltensänderungen)
- Identifikation von Barrieren, Widerständen, Hemmnissen für einen Kulturwandel im Unternehmen
- Konkrete Vorschläge zum weiteren Vorgehen: eine detaillierte Roadmap; Festlegung der nächste Meilensteine; Angaben zum Zeitrahmen sowie zu dem zu erwartenden Ressourcen- und Investitionsbedarf

Ein wesentlicher Teil des Kultur-Audit-Berichts ist die Erstellung einer sogenannten Gap Analyse. Durch die Gegenüberstellung von externen Herausforderungen (z. B. Entwicklungen und Trends in den Märkten, bei den Kunden oder bei den Wettbewerbern) und internen Gegebenheiten (vorherrschende Einstellungen und Verhaltensweisen) lassen sich weitreichende Schlussfolgerungen für das Unternehmen ziehen. Vorrangiges Ziel der Gap Analyse ist das Herausarbeiten der Handlungsschwerpunkte, auf die sich das Unternehmen konzentrieren sollte, um eine nachhaltige Veränderung der Unternehmenskultur zu bewirken. Die Ergebnisse der Gap Analyse rücken ins Bewusstsein, wie gut oder wie schlecht das Unternehmen auf zukünftige (oder aktuelle) Herausforderungen vorbereitet ist. Sind beispielsweise die Entscheidungsprozesse schnell und effektiv genug, um auf das Veränderungstempo in der eigenen Branche angemessen reagieren zu können? Haben sich die Erwartungen der Kunden verändert und wie reagiert das Unternehmen darauf? Bereits die Bandbreite der Beispielfragen deutet an, welche praktischen Fragen und Erkenntnisse sich aus dieser Analyse ergeben können. Die hierfür notwendige kontent-analytische Auswertung der qualitativen und quantitativen Ergebnisse sollte wiederum von Personen durchgeführt werden, die mit diesen Analyseverfahren vertraut sind.

Der Kultur-Audit-Bericht wird, je nachdem wie sehr die Ergebnisse am Selbstverständnis Einzelner oder ganzer Bereiche rütteln, für heftige Diskussionen im Unternehmen sorgen. Häufig gelingt es erst nach einigen Anstrengungen, die Stakeholder von der Notwendigkeit zu überzeugen, Veränderungsmaßnahmen einzuleiten. Ein Grund mehr, allergrößte Sorgfalt auf die Qualität der Datenerhebung und Ergebnisdarstellung zu verwenden. Der Kultur-Audit-Bericht gewinnt zusätzlich an Glaubwürdigkeit, wenn nicht nur „dürre Zahlen" berichtet werden, sondern möglichst viel „Originalton" in Form von anonymisierten Zitaten in die Darstellung einfließt. So mancher Manager wird sich wundern, wie im Unternehmen über die Unternehmenskultur gedacht wird und wie sehr sich diese Ansichten von seiner Einschätzung unterscheiden.

## 6.4 Management Review basierend auf dem Kulturbericht (4)

Mit dem Kultur-Audit liegt eine fundierte Analyse der aktuellen Unternehmenskultur, ihrer Stärken und Schwächen vor. Aufgrund der umfassenden Datenlage ist jetzt eine sachliche und zielorientierte Diskussion im Top-Management (und später in der Organisation) über die eigene Unternehmenskultur und den notwendigen Handlungsbedarf möglich (zum Ablauf siehe Anhang 12.3).

Entscheidend für eine erfolgreiche Veränderung der Unternehmenskultur ist der prinzipielle Konsens im Top-Management sowohl hinsichtlich der Dringlichkeit des Themas als auch der erforderlichen Maßnahmen. Ohne diesen Konsens bleibt es bei Lippenbekenntnissen, und dem Veränderungsprozess mangelt es an der dringend benötigten nachhaltigen Unterstützung von „ganz oben".

Selbst wenn nun in vielen Punkten mehr Klarheit besteht, so ist die entscheidende Frage noch nicht vollständig beantwortet: Wie soll denn die zukünftige Kultur beschaffen sein, worauf kommt es besonders an – speziell vor dem Hintergrund der jüngsten Analyse? Welche Einstellungen und Verhaltensweisen sollen gefördert (und gefordert) werden? Wo liegen die Schwerpunkte?

Der Kultur-Audit-Bericht liefert neben den Erkenntnissen zur aktuellen Kultur auch erste Hinweise zu einer neuen Kultur. Ein konsistentes Bild von der zukünftigen Unternehmenskultur ist allerdings erst noch zu entwickeln – unter Mitwirkung der Organisation. Diesem Thema widmen wir uns ausführlicher im nächsten Kapitel.

## 6.5 Kommunikation während der Analysephase

Dass Interviews geführt und Fokusgruppen veranstaltet werden, bleibt im Unternehmen nicht verborgen – soll es ja auch nicht. Dennoch wird allein die Tatsache, dass diese Gespräche geführt werden, zu denen auch noch zu allem Überfluss Personen gezielt (und teilweise handverlesen) eingeladen wurden („Weshalb wurden die eingeladen und ich nicht?"), für eine gewisse Unruhe, gelegentlich auch für Unsicherheit sorgen. Dem kann – wenigstens teilweise – durch eine offene Kommunikation begegnet werden, indem – soweit erforderlich – die Organisation über die Intention der Analysephase informiert wird. Am vertrauensvollsten erscheinen Informationen, die in Abstimmung mit dem Betriebsrat (BR) veröffentlicht werden (immer unter der Annahme, dass es eine prinzipiell einvernehmliche Zusammenarbeit zwischen BR und Unternehmensleitung gibt). Was aber definitiv nicht funktioniert, ist alle möglichen Befragungen durchzuführen, die Organisation jedoch im Unklaren über den Zweck zu lassen. Das erzeugt verständlicherweise Misstrauen und hat negative Auswirkungen auf das weitere Projekt. Schließlich sollte man nicht vergessen, dass die Menschen, die jetzt vielleicht vor den Kopf gestoßen werden, genau die gleichen sind, die man später für den Kulturwandel gewinnen möchte.

## Checkliste Analysephase

**! Worauf man achten muss**

- Präzise Definition der Analyseziele (was wollen wir wissen?); Entwicklung des Analyserasters/Fragebogen und des wesentlichen Erkenntnisinteresses
- Intern abgestimmte Auswahl wichtiger Interviewpartner (Auswahl durch Vorgesetzte)
- Bei großen Organisationen: Pilotierung, um einen besseren Ablauf sicherzustellen
- Auf Ökonomie der Umsetzung achten, dennoch möglichst alle Bereiche und Ebenen einbeziehen und persönliche Gespräche realisieren
- Kommunikative Begleitung des Prozesses und rechtzeitige Einbeziehung (Einladung der Teilnehmer, Feedback über Ergebnisse)
- Für Vertraulichkeit sorgen und geschützte Gesprächssituationen herstellen
- Ergebnisse ernst nehmen, kritisch hinterfragen und zur Sensibilisierung der Organisation nutzen
- Wichtigste Ergebnisse und Schlussfolgerungen werden vom gesamten Management-Team getragen

**⚠ Was man vermeiden sollte**

- Die Analyse als reine Mitarbeiterbefragung verstehen und lediglich Standardthemen abfragen
- Fokus auf Führungskräfte ohne Einbeziehung der folgenden Ebenen
- Verletzung der Vertraulichkeit
- Klinischer Kulturbericht ohne Originaltöne und Zitate
- Bei „schlechten" Ergebnissen einfach nicht reagieren bzw. Ergebnisse zurückhalten und nichts kommunizieren

**▢ Organisatorisches**

- Abstimmung der Erhebungsinstrumente (Leitfaden/Fragebogen)
- Auswahlkriterien für Interviewpartner vereinbaren
- Einladung der Interviewpartner
- Kultur-Audit-Bericht erstellen
- Kommunikation der Ergebnisse

# 7 Konzeption der neuen Unternehmenskultur und des Roll-outs

Eine „neue" Unternehmenskultur zu entwickeln, sagt sich zunächst leicht. Aber geht es denn tatsächlich gleich um eine völlig neue Kultur? Wohl kaum. Veränderungen der Unternehmenskultur müssen kein radikales „Umkrempeln" der gesamten Kultur in allen Unternehmensteilen bedeuten. Eine solche Rosskur ist eher ein Ausnahmefall. Viel häufiger geht es darum, die wenigen (aber wichtigen) Stellschrauben, sprich speziellen Einstellungen und Verhaltensweisen zu identifizieren, mit deren Hilfe eine spürbare Veränderung im Unternehmen erfolgen kann.

Ein Beispiel: Firma XY hat ein Problem mit der mangelnden Kundenorientierung im Unternehmen. Die Zusammenarbeit zwischen einzelnen Bereichen funktioniert mehr schlecht als recht. Was ist konkret passiert? Die Marketing-Abteilung fährt eine große Werbekampagne für ein neues Produkt, ohne dass vorher mit der Produktion eindeutig geklärt wird, ob im Falle eines erfolgreichen Produktstarts auch ausreichende Produktionskapazitäten zur Verfügung stehen. Ein typischer Fall von funktionaler Abschottung oder „Silo-Denken". Und tatsächlich, die erfolgreiche Kampagne führt wie gewünscht zu einer Nachfrage, die von der Produktion und dem Supply Chain Management nur durch kurzfristige „Feuerwehr-Aktionen" befriedigt werden kann. Eine bessere Abstimmung im Vorfeld zwischen Marketing, Produktion und Logistik hätte allen Beteiligten viel Ärger erspart. Was muss sich also an den Einstellungen und Verhaltensmustern ändern, damit die funktionalen Gräben überwunden werden können? (Mangelnde Kundenorientierung existiert natürlich nicht nur intern, sondern – leider – auch im Verhältnis zu externen Kunden, was meistens viel folgenreicher ist!)

So wichtig das Thema Kundenorientierung offenkundig ist, es bedarf deshalb keiner Generalüberholung der gesamten Unternehmenskultur. Mit gezielten Eingriffen kann das Problem in der Regel behoben werden: indem beispielsweise klare Verhaltensanforderungen definiert und Prozessabläufe entsprechend modifiziert werden – ohne jedoch eine komplett neue Vision und Werte entwickeln zu müssen – und die Vorgesetzten es als ihre Aufgabe betrachten, mit Nachdruck für die Einhaltung der neuen Anforderungen zu sorgen. (Mancher Leser wird an dieser Stelle sagen: „Wenn es doch nur so einfach wäre!" Doch im Prinzip ist es das tatsächlich – wenn genügend Veränderungswille vorhanden ist und die Bereitschaft bei allen Beteiligten, auch Konsequenzen aus Fehlverhalten zu ziehen.)

Wesentlich komplizierter wird es, wenn etwa im Rahmen einer strategischen Allianz oder nach einer erfolgreichen Akquisition plötzlich zwei gewachsene Unternehmenskulturen aufeinander prallen. Versucht die eine Partei der anderen ihre Unternehmenskultur aufzuzwingen? Oder besteht die Chance, die Eigenständigkeit der beiden unterschiedlichen

Kulturen weitgehend zu erhalten ohne nachteilige Effekte für das Geschäft? Gelegentlich beschreitet man tatsächlich den mühsamen Weg, eine neue, gemeinsame Kultur zu entwickeln. Dieses Versprechen wird gern bei sogenannten „merger of equals" abgegeben, wenn auch nur äußerst selten gehalten! In diesen Fällen gestaltet sich der Entwicklungsprozess einer neuen Kultur wesentlich komplexer und aufwändiger. Vor allem muss genau abgewogen werden, welche Elemente der alten Kultur(en) erhalten bleiben und welche verändert werden.

Wie auch immer die Ausgangslage sein mag, eine Entscheidung über die Kernelemente der neuen Unternehmenskultur kann nur (auch auf Grundlage der Ergebnisse des Kultur-Audits) vom Top-Management bzw. der Geschäftsleitung getroffen werden. Die Entwicklung einer optimierten Unternehmenskultur ist – auch aus pragmatischen Gründen – kein basisdemokratischer Prozess. Das Top-Management definiert die Prinzipien und Grundwerte, für die das Unternehmen jetzt und in Zukunft steht. Das erwarten die Führungskräfte und Mitarbeiter auch. Doch selbst wenn der Kurs vorgegeben wird: Mitarbeiter möchten verstehen, warum es in eine bestimmte Richtung geht.

Mit der Definition der zukünftigen Kultur werden gleichzeitig die Maßstäbe für einen kontinuierlichen Diskussions- und Lernprozess im Unternehmen gesetzt. Dieser Kulturrahmen entfaltet sein volles Potenzial nur dann, wenn es gelingt, ihn immer wieder ins Bewusstsein der Organisation zu rufen. Wirklich interessant im Sinne einer nachhaltigen Kulturveränderung wird es in dem Moment, wenn die Prinzipien und Verhaltenserwartungen Eingang finden in Standardprozesse des Unternehmens, zum Beispiel in die Leistungsbewertung.

Es sollte daher das Bestreben jedes Unternehmens sein, die Kernelemente ihres kulturellen Selbstverständnisses so schnell wie möglich in seine HR-Prozesse – etwa in die Entwicklung von Führungskräften – zu integrieren. Erst dadurch lassen sich langfristig und auf Dauer angelegte Kulturveränderungen bewirken (ein Thema, auf das wir in Kapitel 9 noch ausführlicher eingehen). Grundsätzlich sind folgende Prozessschritte relevant, wenn Aspekte einer Unternehmenskultur verändert werden sollen.

**Abbildung 7.1:** Der Prozess der „Culture-to-be"-Entwicklung

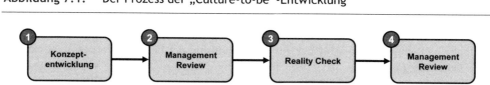

## 7.1 Konzeptentwicklung (1)

Sieht man von Unternehmensneugründungen einmal ab, besitzen alle Unternehmen eine wie auch immer geartete Kultur. Das bedeutet allerdings nicht, dass großer Wert auf eine systematische Entwicklung der Unternehmenskultur gelegt wurde. Möglicherweise wuchs die Firma in den letzten Jahren (zu) schnell und es bestand weder die Zeit noch die Veranlassung, über einen verbindlichen Werte- und Verhaltenskodex nachzudenken. Mittlerweile ist jedoch ein Zustand erreicht, der eine Ausrichtung auf gemeinsame Werte und Zielvorstellungen unumgänglich macht. Nur durch eine von allen getragene Unternehmenskultur wird es möglich sein, die verfügbaren Kenntnisse und Ressourcen optimal zu bündeln.

Wie kann dabei verfahren werden? Inhaltliche Vorgaben liefert das Top-Management. Wesentliche Hilfestellung leisten dazu die Ergebnisse des gerade durchgeführten Kultur-Audits. Vom Projektteam wird vor dem Hintergrund dieser Informationen – eventuell unter Beteiligung von Experten und Fachabteilungen (z. B. Human Resources und Corporate Communication) – ein konkreter Vorschlag zur neuen Kultur und zum Umsetzungsprozess als Diskussions- und Entscheidungsgrundlage für das Top-Management erarbeitet. Die inhaltliche Gestaltung der neuen Kultur orientiert sich an der Kulturpyramide (siehe hierzu Kapitel 1).

Die Kulturpyramide liefert ein Raster, anhand dessen der konkrete Änderungsbedarf erörtert werden kann. Die wesentlichen Leitfragen zur zukünftigen Kultur lassen sich folgendermaßen zusammenfassen:

- Hat sich die Vision für das Unternehmen geändert? Welches sind die wichtigsten inhaltlichen Aussagen?

- Muss die Wertebasis neu bedacht werden? Welche Werte sind unbedingt zu erhalten, welche sollen neu hinzukommen? Welche sind nicht mehr relevant?

- Müssen die bestehenden Leitlinien und Normen aktualisiert werden? Sind spezielle Führungsleitlinien erforderlich und wenn ja welche? Stellen wir uns in ausreichendem Maße unserer gesellschaftlichen Verantwortung (Stichwort: Social Responsibility)?

- Welche konkreten Verhaltensweisen sollen in Zukunft stärker gefördert oder entwickelt werden, z. B. Netzwerken, schneller entscheiden, Verantwortung übernehmen? (Welche Verhaltensweisen sind nicht mehr akzeptabel?)

Der Vorschlag des Projektteams dient als Entscheidungsgrundlage für das Top-Management-Team. Auch der spätere Umsetzungsprozess muss möglichst frühzeitig vorbereitet werden, um dem Management auch hier eine Entscheidungsgrundlage zu liefern. Mögliche Themen, die bereits zu diesem Zeitpunkt vom Projektteam angedacht werden sollten, sind in der folgenden Übersicht enthalten.

### Generelle Überlegungen

- Sollen alle Mitarbeiter in den Roll-out einbezogen werden oder beschränkt sich der Kulturwandel auf ausgewählte Unternehmensbereiche?
- Was ist die am besten geeignete Methode, um die Kernbotschaften in die Organisation zu tragen (z. B. Workshops, Großveranstaltungen, Videokonferenzen, Intranet)?
- Wie häufig soll jeder Mitarbeiter mit den Kernbotschaften zur neuen Unternehmenskultur konfrontiert werden?
- Wie kann das Projekt Kulturwandel am effektivsten in das Tagesgeschäft integriert werden?
- Woran werden wir den Erfolg des Projektes messen?

### Kommunikation

- Was sind unsere Kernbotschaften zur neuen Unternehmenskultur?
- Wie erfolgt die kommunikative Begleitung des Gesamtprojektes?
- Welche internen Medien werden genutzt, welche Zielgruppen sind anzusprechen?
- Wie kann sichergestellt werden, dass der unmittelbare Nutzen der Kulturveränderung für alle erfahrbar wird?

### Motivation

- Was kann zur Motivation der Führungskräfte und Mitarbeiter, den Veränderungsprozess zu unterstützen, unternommen werden?
- Mit welchen Vorbehalten oder Widerständen ist zu rechnen? Wie kann diesen am effektivsten begegnet werden?

### Nachhaltigkeit

- Wie kann die Nachhaltigkeit des Kulturwandels gewährleistet werden?
- Welche Messkriterien/Messinstrumente werden zur Erfolgssicherung eingesetzt?

### Wichtige Prozessschritte und Zeitplan

- Welcher Zeitraum ist für das Kulturwandel-Projekt vorgesehen? (Ursprüngliche Zeitvorstellungen müssen evtl. angepasst werden.)
- Welches sind die wichtigsten Meilensteine und für welche Themen (Roadmap)?

### Ressourcenbedarf und Investitionen

- Welche personellen Ressourcen sind erforderlich (z. B. durch die Change Community, Moderatoren), um das Projekt wirkungsvoll und termingerecht durchzuführen?
- In welchem Umfang können Linienmanager (auch aus Gründen der zeitlichen Belastung) aktiv in den Umsetzungsprozess einbezogen werden?

- Gibt es genügend qualifizierte interne Mitarbeiter für die Prozess-begleitung des Rollouts oder muss auf externe Unterstützung (z. B. eine Trainingsorganisation) rekurriert werden?

- Wie hoch werden die (internen und externen) Kosten für die nächsten Projektphasen veranschlagt?

Am Ende der Diskussion dieser Punkte steht ein Vorschlag zur Umsetzungsphase (Rollout), der entscheidende Leitplanken für das spätere Projektmanagement festlegt (vorbehaltlich der finalen Zustimmung durch das Top-Management).

Vom Projektteam (und unterstützt durch Stabsstellen) wird für den Roll-out auch eine Toolbox entwickelt. Sie dient der Unterstützung der Linienmanager und Moderatoren im Roll-out-Prozess. Die Toolbox kann z. B. folgende Elemente (und entsprechende Dokumente, Präsentationen) enthalten:

- Die neue Unternehmenskultur (Vision, Werte, Leitlinien, erwartete Verhaltensweisen)
- Kernstrategien des Unternehmens und Geschäftsziele
- Wichtigste Botschaften des Kulturwandels (Ziele, Erwartungen an den Einzelnen)
- Videobotschaften des Managements
- Eine Roadmap für den Kulturwandel (Prozessübersicht) mit wichtigen Meilensteinen
- Instruktionen für Manager/Moderatoren zur Durchführung der Roll-out-Workshops/Meetings
- Informationsmaterialien/Handouts
- Didaktische Hilfen (z. B. Lernbilder, Mini-Fallstudien)

## 7.2  Management Review (2)

Ein Kulturwandel ist ein Top-down-Prozess (siehe Kapitel 2.3.), d. h., der Kulturwandel hat nur dann wirklich Aussicht auf Erfolg, wenn im Top-Management weitgehender Konsens über die inhaltlichen Ziele, den einzuschlagenden Weg und die erforderliche Geschwindigkeit des Veränderungsprozesses besteht. Mit Lippenbekenntnissen zu einem gemeinsamen Vorgehen ist niemandem geholfen. Will das Top-Management die erforderliche Dynamik der Veränderung entwickeln und die richtigen Signale in die Organisation senden, muss es – für jedermann erkennbar – uneingeschränkt hinter dem Projekt stehen.

Neben dem Fragen- und Themenkatalog, mit dem sich bereits das Projektteam befasste, muss sich das Management darüber verständigen, wie es die Rolle des eigenen Teams und jedes Einzelnen während des Veränderungsprozesses sieht. Insbesondere sollte ein Grundkonsens über folgende Fragen herbeigeführt werden:

- Was bedeutet der Kulturwandel für das Top-Management-Team (in Bezug auf sein Führungsverhalten)?
- In welchem Umfang muss sich etwas am individuellen Rollenverständnis ändern? (Betreffen die Verhaltensänderungen nur die anderen?)
- Was wird jeder Einzelne in der Zukunft konkret anders machen? Wo gibt es noch individuellen oder kollektiven Lernbedarf?
- Wer im Management-Team zeichnet für das Kulturwandelprojekt verantwortlich (also wer ist der Verantwortliche für die Umsetzung)?
- Welche Rolle spielen die verbleibenden Managementmitglieder?
- In welchem Umfang sind diese bereit, sich aktiv in den Umsetzungsprozess einzubringen?

Es wird nicht immer einfach sein, diese Fragen in aller Offenheit zu erörtern. Gerade in Management-Teams ist die Scheu groß, sich ehrlich mit potenziell heiklen Fragen zu befassen. Viel häufiger findet man die Neigung, trotz aller vollmundigen Bekenntnisse zur Notwendigkeit von Veränderung, diese doch in erster Linie bei den anderen (den Kollegen oder Mitarbeitern) zu sehen. Oder wie es schon in der Bibel heißt: „Den Splitter im Auge des anderen sieht man, den Balken im eigenen nicht!"

Möglicherweise sind mehrere Diskussionsrunden erforderlich, ehe es zu einem tragfähigen Beschluss aller Beteiligten kommt. Neu zusammengesetzte Management-Teams, wie es häufig nach einer Unternehmensakquisition der Fall ist, benötigen wahrscheinlich etwas länger, um zu einem gemeinsamen Verständnis zu gelangen. Zu unterschiedlich sind die individuellen Erfahrungen und Prägungen. Bei eingespielten Management-Teams geht das (sehr wahrscheinlich) leichter und schneller vonstatten.

Für die Diskussion der neuen Kultur und ihrer Umsetzung sollte ausreichend Zeit zur Verfügung stehen. In den seltensten Fällen dürfte es gelingen, alle Themen – speziell die konflikträchtigen – im Rahmen eines regulären Business Meetings angemessen zu erörtern. In der Praxis haben sich hierfür Off-Site-Meetings bewährt, am besten ohne Laptops und Blackberries während der Sitzungen (das geht tatsächlich!).

Aber die Kernelemente der neuen Kultur und das Selbstverständnis der Manager stellen nur einen Teil dessen dar, was im Top-Management geklärt werden muss. Vor allem bedarf es der Klarheit und des Konsenses hinsichtlich der Modalitäten des Umsetzungsprozesses. Je früher – wenigstens in den Eckpunkten und im Grundsatz – darüber prinzipielle Einigkeit besteht, desto zügiger können die nächsten Schritte in Angriff genommen werden.

Die Grundzüge des Kulturwandels wurden, wenigstens was die wichtigen Vorentscheidungen anbelangt, jetzt vom Top-Management getroffen. Allerdings blieben viele Ressourcen im Unternehmen ungenutzt, würde man die Diskussion der zukünftigen Kultur und ihrer praktischen Anwendung allein auf dieses Entscheidergremium beschränken.

Außerdem würde ein wichtiges Element fehlen, nämlich die notwendige Legitimation durch weite Teile der Organisation. Neue Ideen und Maßnahmen lassen sich umso reibungsloser in die Organisation tragen, wenn „die Organisation" selbst eine Möglichkeit der Mit-Gestaltung hatte. Deshalb sollte, sobald ein konsensfähiges Konzept im Top-Management verabschiedet wurde, dieses mit einem größeren Personenkreis erörtert werden.

Das Top-Management braucht „Sparringspartner" im Unternehmen, die kompetenten Input leisten und das bisher Erarbeitete im Hinblick auf ihre Umsetzbarkeit kritisch überprüfen. Das ist eine der Aufgaben, für die das Sounding Board (siehe Kapitel 5) geschaffen wurde.

## 7.3 Reality Check des Konzepts (3)

Mit dem neuen Kulturkonzept, dem Roll-out-Plan und der Toolbox liegen die großen Bausteine für den Roll-out vor, mit denen sich nun das Sounding Board kritisch und konstruktiv auseinandersetzt. Das Sounding Board wird hauptsächlich dazu genutzt, den in unterschiedlichen Teilen der Organisation vorhandenen Sachverstand in die aktuelle Diskussion einfließen zu lassen. Es sollte dabei kenntlich gemacht werden, welche Aspekte des Kulturkonzeptes vom Top-Management als „gesetzt" anzusehen sind und wo Gestaltungsfreiräume bestehen. Die intensive Diskussion der neuen Kultur mit dem Sounding Board wird noch zahlreiche Hinweise sowohl zur inhaltlichen Präzisierung als auch zur Kommunikation und Umsetzung der neuen Kultur liefern.

Grundsätzlich wird das Sounding Board als Feedback- und Inputgeber während des gesamten Veränderungsprozesses genutzt. Vorläufige Konzepte gehen an die gesamte Gruppe oder einzelne Experten mit der Bitte um Kommentierung und Ergänzung. Richtig gemanagt, ergibt dies einen höchst effektiven Informations- und Erfahrungsaustausch, der vergleichsweise wenig aufwändig gestaltet werden kann (z. B. ohne größere Reisetätigkeit). Mögliche Diskussionsthemen für das Sounding Board sind in der folgenden Liste zusammengestellt (zum Ablauf siehe auch Anhang 12.4).

**Konzept der neuen Kultur**

- Ist das Konzept (Vision, Leitlinien, Normen, erwünschtes Verhalten) in sich stimmig?
- Ist die Zielsetzung eindeutig erkennbar?
- Wie werden die einzelnen Aussagen verstanden und beurteilt?
- Gibt es Widersprüche, Lücken in der Argumentation?
- Welche Gesichtspunkte fehlen?
- Trifft das „neue Kulturkonzept" den Nerv dessen, worauf es in Zukunft vor allem ankommen wird (macht es Sinn?)

**Erwartungen an Top-Management/Linienmanager**

- Welche Erwartungen bestehen hinsichtlich der Rolle des Top-Managements während des Veränderungsprozesses?
- Welche Rolle sollen die Führungskräfte spielen? Müssen sie auf diese Funktion speziell vorbereitet werden?

**Methodisches Vorgehen während des Roll-outs**

- Welche Methoden sind am ehesten geeignet, die inhaltliche Auseinandersetzung über die zentralen Anliegen des Kulturwandels in der Organisation zu führen?
- Welcher Grad an Standardisierung der Inhalte und Vorgehensweise ist notwendig, um ein einheitliches Vorgehen zu gewährleisten?
- Wie kann das Projekt Kulturwandel am effektivsten in das Tagesgeschäft integriert werden, ohne großen Zusatzaufwand zu verursachen?

**Toolbox**

- Sind die einzelnen Tools geeignet, die wichtigsten Botschaften des Kulturwandels angemessen zu transportieren?
- Wo besteht noch Optimierungsbedarf?

**Wichtige Prozessschritte und Zeitplan**

- Ist der vorgesehene Zeitplan einschließlich der wichtigsten Meilensteine (Roadmap) realistisch?

**Kommunikation**

- Wie kann das neue Kulturkonzept/können die neuen Themen am effektivsten in die Organisation kommuniziert werden?
- Welches sind die am besten geeigneten internen Medien, mit der Organisation über das Kulturwandel-Projekt zu kommunizieren (z. B. Intranet, Veranstaltungen, E-Mails, Broschüren)?
- Benötigt man eine auf unterschiedliche Zielgruppen abgestimmte Kommunikation?

**Motivation**

- Was kann zur Motivation der Führungskräfte und Mitarbeiter, den Veränderungsprozess zu unterstützen, unternommen werden?
- Mit welchen Vorbehalten oder Widerständen ist zu rechnen? Wie kann diesen am effektivsten begegnet werden?

**Nachhaltigkeit**

- Wie kann die Nachhaltigkeit des Kulturwandels gewährleistet werden?
- Welche Messkriterien/Messinstrumente sollten zur Erfolgssicherung eingesetzt werden?

Der Reality Check wird im Rahmen eines ein- bis zweitägigen Workshops vorgenommen. Je nachdem, wie viele offene Themen zu diskutieren sind, werden möglicherweise mehrere Sitzungen erforderlich sein. Natürlich sind solche Veranstaltungen mit Kosten verbunden und (nicht nur) angesichts der aktuellen Sparmaßnahmen sind Reisekosten ein sensibles Thema. Dennoch ist wenigstens ein persönliches Meeting des Sounding Boards dringend anzuraten.

Das Sounding Board bietet das ideale Forum, um die wichtigsten Bausteine auf ihre Praktikabilität zu testen. Das trifft sowohl auf das neue Kulturkonzept als auch auf den Umsetzungsprozess zu. Mit Hilfe des Sounding Boards bekommt das Projektteam schnell ein Gefühl dafür, ob das geplante Vorgehen „passt" oder nicht. Die Praktiker werden umgehend ihr Veto einlegen, wenn ihnen das Roll-out-Konzept nicht umsetzungsorientiert genug erscheint.

Je besser also die Konzepte und Tools auf die Bedürfnisse und Realitäten im Unternehmen zugeschnitten sind, desto wirksamer gestaltet sich der Umsetzungsprozess. Die Effektivität des Sounding-Board-Workshops erhöht sich merklich, wenn Vertreter des Top-Managements – wenigstens zeitweilig – an der Diskussion teilnehmen. Wichtige inhaltliche Vor-Entscheidungen können sofort getroffen werden und der Prozess der Finalisierung sowohl des Kulturkonzeptes als auch des Roll-outs wird beschleunigt.

## 7.4 Management Review - Finalisierung (4)

Natürlich müssen die Vorschläge des Sounding Boards (verarbeitet durch das Projektteam) nochmals vom gesamten Top-Management-Team abgesegnet werden. Sobald das Team sich über die wichtigsten Punkte verständigt hat, kann unverzüglich mit der praktischen Umsetzung in der Organisation begonnen werden.

## 7.5 Fazit: Die Entwicklung einer neuen Kultur gestalten

Die Entwicklung und Verabschiedung eines neuen Kulturkonzeptes (Vision, Werte, Leitlinien, erwartete Verhalten) sollte nicht allzu viel Zeit in Anspruch nehmen. Auch in Großunternehmen kann ein finales Konzept innerhalb von wenigen Monaten entwickelt werden. In der Praxis sieht es oft anders aus. Viele Monate gehen ins Land, eine Diskussion folgt der anderen, ohne dass greifbare Ergebnisse produziert werden. Stattdessen feilen mehre Teams an jedem Wort – und lösen immer wieder neue Diskussionen aus, ohne inhaltlich große Fortschritte zu erzielen.

Über eines muss man sich im Klaren sein: Eine Vision (und die dazugehörenden Werte, Leitlinien und erwarteter Verhalten), die ohne Widerspruch aufgenommen wird, gibt es nicht. Und wenn ja, dann bietet sie zu wenige Angriffsflächen, an denen sich die Organisation reiben kann. Eine neue Kultur will ja in den meisten Fällen bewusst „provozieren", mindestens aber zum Nachdenken anregen, vor allem aber Verhalten beeinflussen und verändern. So ist es nur allzu verständlich, dass die neuen Anforderungen außer Zustimmung und Unterstützung auch Unverständnis, Vorbehalte und Ablehnung hervorrufen.

Es steht außer Frage, dass tiefgreifende Veränderungen der eingehenden Diskussion bedürfen. Je breiter der Konsens innerhalb der Organisation über die Ziele und das Vorgehen, desto größer natürlich die Chancen, dass die angestrebte Kultur tatsächlich gelebt wird. Aber man darf sich auch keiner Illusion hingeben. Langwierige Diskussionen über Konzepte auf allen Organisationsebenen befriedigen möglicherweise das Bedürfnis nach Teilhabe, bewirken aber für sich genommen noch nicht viel. Letztendlich zählt nur, was zu spürbaren Verhaltensänderungen führt. Deshalb ist es wichtig, den Entwicklungsprozess so effektiv, aber so kurz wie möglich zu gestalten, damit zügig mit der praktischen Umsetzung begonnen werden kann. Denn erst dann findet Veränderung statt.

Mit der Festlegung der neuen kulturellen Normen, den ambitionierten Veränderungszielen und einer detaillierten Roadmap – dem Ablaufplan des folgenden Roll-out – sind die wichtigsten Voraussetzungen geschaffen worden, um das Projekt „Kulturwandel" nun mit aller Kraft und Entschiedenheit in die Organisation zu tragen. Die erste und wichtigste Zielgruppe sind die Führungskräfte. Sie müssen informiert und ins Boot geholt werden. Damit steht und fällt der ganze Kulturwandelprozess. Was das konkret bedeutet, werden wir eingehend im folgenden Kapitel darlegen.

## Checkliste Konzeption der neuen Kultur

**! Worauf man achten muss**
- Entwicklung der neuen Kultur basierend auf den Ergebnissen des Kultur Audit
- Konsens im Management-Team über die neue kulturelle Ausrichtung schaffen (das muss diskutiert werden)
- Ausgewählte Mitarbeiter in die Arbeit an den neuen Werten/Verhaltensweisen einbeziehen (der „Reality Check")
- Kultur „herunterbrechen" und klare Erwartungen auf den Verhaltensebenen entwickeln (was bedeutet die neue Kultur z. B. für Führungskräfte?)
- Den Bezug zum Tagesgeschäft herstellen (Was bringt mir die neue Kultur?)
- Umsetzung der neuen Kultur andenken
- Kommunikation der neuen Kultur planen

**⚡ Was man vermeiden sollte**
- Neue Unternehmenskultur verordnen, ohne Mitarbeiter einzubeziehen
- Basisdemokratische Kulturentwicklung ohne Vorgaben angehen
- Lediglich einen neuen abstrakten Wertekanon schaffen, ohne Verhaltensimplikationen zu bedenken
- „Reality Check" nur als „Abnickveranstaltung" verwenden

**▢ Organisatorisches**
- Dokumente zur neuen Kultur (Vision/Werte/Leitlinien/Verhaltensweisen) erstellen
- „Reality Check" organisieren
- Kommunikationsplan finalisieren
- Roll-out-Konzept/Toolbox vervollständigen

# 8    Roll-out

Interessante Konzepte zu einer (neuen) Unternehmenskultur zu entwerfen, ist die eine Sache. Hunderte oder gar Tausende Mitarbeiter für dieses (notwendige) Anliegen zu gewinnen, sie zu motivieren, ihren Beitrag zu leisten, sie gar für die neuen Ziel zu „begeistern" (wie es häufig in den Broschüren der Unternehmenskommunikation heißt), ist eine völlig andere. Die Organisation (sprich die Führungskräfte und Mitarbeiter) ist zu diesem Zeitpunkt wahrscheinlich nur in groben Zügen über das bevorstehende Projekt zum Kulturwandel informiert worden. Die bis dato herausgegebenen Informationen beinhalteten lediglich die generellen Ziele des Projektes, ohne (verständlicherweise) schon detaillierte Angaben zum konkreten Vorgehen zu machen. Mit anderen Worten: Es herrscht noch weitgehende Unsicherheit, was „das alles" bedeuten wird. Die ersten Reaktionen der Mitarbeiter fallen entsprechend unterschiedlich aus und reichen von gespanntem Interesse bis zu distanzierter Zurückhaltung oder gar Ablehnung. Wie geht man jetzt also bei der Umsetzung vor, um trotzdem alle ins Boot zu holen?

Bevor wir uns den praktischen Details des Roll-outs zuwenden, zunächst einige Anmerkungen zu den Designprinzipien des Roll-out-Prozesses. Der Roll-out ist eine Kaskade von Aktivitäten und Maßnahmen, die mit den Führungskräften beginnt und dann systematisch in alle Organisationseinheiten getragen wird.

Abbildung 8.1:    Die Roll-out-Kaskade

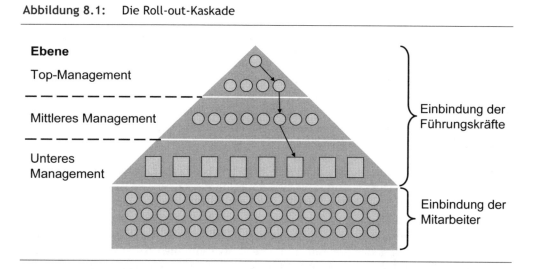

Diesem Vorgehen liegt die folgende Annahme zugrunde: Die Führungskräfte sind die Hauptträger des Kulturwandels. Zunächst müssen sie für den Veränderungsprozess gewonnen werden. Gleichzeitig müssen die Führungskräfte auch in die Lage versetzt werden, den Kulturwandel in der Organisation, sprich gegenüber ihren Mitarbeitern zu vertreten und voranzutreiben. Erst wenn die (meisten) Führungskräfte erfolgreich „ins Boot geholt" wurden, wenn sie von der Notwendigkeit der Veränderung überzeugt und auch in der Lage sind, die Ziele kompetent zu vermitteln, ist der Boden für einen erfolgreichen Roll-out bereitet.

Erfahrungsgemäß genügt es nicht, die Kernbotschaften nur einmal zu vermitteln. Nachhaltige Veränderungen werden erst dann erzeugt, wenn im Rahmen eines systematischen Ausroll-Prozesses jeder Mitarbeiter sich mehrfach mit den Kernbotschaften auseinandersetzen muss. Alle erfahrenen Manager wissen, der Schlüssel zum Erfolg liegt in der systematischen Wiederholung.

Wie häufig und intensiv die Kernbotschaften vermittelt werden, hängt vom Umfang und der Tiefe des Veränderungsprozesses ab. Bei größeren Veränderungen ist es erforderlich, dass sich alle Beschäftigten innerhalb eines überschaubaren Zeitraumes von maximal einem Jahr mindestens dreimal („Kontaktpunkte") mit den Kernbotschaften auseinandersetzen. Das mag zunächst etwas schematisch oder mechanisch klingen. Die abgestufte Wiederholung der Veränderungsziele (jeweils unter aktiver Mitarbeit der Betroffenen) hat sich jedoch in der Praxis bewährt. Ob es nun drei, vier oder mehr (vielleicht auch weniger) Kontaktpunkte sein müssen, hängt ganz von der jeweiligen Unternehmenssituation, den Einstellungen und Vorerfahrungen der Mitarbeiter und vielen anderen Faktoren ab. Wichtig an dieser Stelle ist der Hinweis, dass es mit Einmal-Veranstaltungen, womöglich einer reinen Frontalpräsentation, sicherlich nicht getan sein wird. Kulturveränderung erfordert die aktive Beteiligung aller Betroffenen.

Ziel des ersten Kontaktpunktes ist es, die Teilnehmer „abzuholen", die Kernbotschaften zu vermitteln sowie gemeinsam erste konkrete Schlussfolgerungen (Aktionen) zu entwickeln. Das am besten geeignete Format ist ein ein- bis zweitägiger Workshop oder alternativ eine Großveranstaltung.

Mit jedem weiteren Kontaktpunkt reduziert sich der zeitliche Aufwand und die thematische Auseinandersetzung fokussiert sich auf die wichtigsten Umsetzungsthemen im Alltag. Der zweite Kontaktpunkt kann beispielsweise ein eineinhalbtägiger Workshop sein, um den bisherigen Stand der Umsetzung gemeinsam kritisch zu reflektieren und praktische Konsequenzen daraus zu ziehen.

Der dritte Kontaktpunkt kann auf wenige Stunden beschränkt werden und dient der nochmaligen „Auffrischung" und kritischen Reflexion dessen, was bislang erreicht wurde bzw. wo offensichtlich noch Handlungsbedarf besteht. Alle drei Kontaktpunkte bedürfen der sorgfältigen Vorbereitung und sollen so aufeinander abgestimmt sein, dass eine entsprechende Veränderungsdynamik erzeugt und erhalten wird. Es sollte darüber hinaus gewährleistet sein, dass der Roll-out nach einem abgestimmten Basisformat abläuft, um auf diese Weise die Einheitlichkeit und Durchgängigkeit der vermittelten Botschaften zu gewährleisten. Und schließlich noch eine Anmerkung zur Methode: Einstellungs- und Verhaltensänderungen betreffen unterschiedliche Aspekte einer Person, sowohl kognitive und rationale als auch emotionale und verhaltensbezogene Aspekte. Je ganzheitlicher diese verschiedenen Ebenen angesprochen werden, desto effektiver und nachhaltiger gestaltet sich der Lernprozess. Die Methode des erlebnisorientierten Lernens bietet hierzu zahlreiche Techniken und Übungen, um – speziell in Trainingssituationen – ganzheitliche Erlebnisse zu vermitteln. Wo immer sich die Möglichkeit bietet, sollte bei der didaktischen Konzeption des Veränderungsprozesses auf diese Methode zurückgegriffen werden. (Näheres zur Methode und ihren Anwendungsmöglichkeiten findet sich in Anhang 12.6)

Wenden wir uns nun dem Roll-out in der Praxis zu. Aus unserer Sicht lassen sich drei wesentliche Prozessschritte unterscheiden:

Abbildung 8.2:  Der Roll-out-Prozess im Überblick

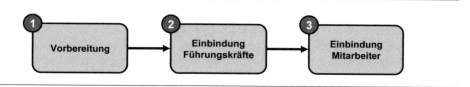

## 8.1 Vorbereitung (1)

Ein unternehmensweiter Roll-out ist zunächst eine logistische Herausforderung. Bei kleinen oder mittleren Unternehmen hält sich der organisatorische Aufwand in Grenzen. Bei Großunternehmen und weltweit agierenden Konzernen werden sehr schnell Größenordnungen von mehreren Tausend Mitarbeitern erreicht, die durch ein mehr oder weniger einheitliches Programm „geschleust" werden müssen.

Soll das Ganze möglichst effizient und ökonomisch abgewickelt werden, setzt das ein professionelles Projektmanagement voraus. Das bedeutet auch, dass die entsprechenden personellen und sonstigen Ressourcen in ausreichendem Maße zur Verfügung gestellt werden. Die Hauptlast der inhaltlichen und logistischen Vorbereitung liegt naturgemäß beim Projektteam und besonders dem Projekt-Office, das für die gesamte operative Durchführung verantwortlich zeichnet.

Nachdem das Konzept der neuen Kultur vom Top-Management abgesegnet und ein Rahmen für die Umsetzungsphase verabschiedet wurde, stellen sich für das Projektteam im Wesentlichen folgende Aufgaben:

- Fertigstellung und Anpassung der Toolbox
- Aufbau und Vorbereitung der Change Community
- Entwicklung und Pilotierung der Roll-out-Formate (Workshop-Formate etc.)
- Umsetzung des Kommunikationsplanes (siehe hierzu auch Kapitel 10)

### Fertigstellung der Toolbox

Sofern noch erforderlich, wird letzte Hand an die Toolbox gelegt. Alle „Tools" müssen so weit fertig gestellt sein, dass sie in der ersten Roll-out-Runde mit den Führungskräften eingesetzt werden können. Damit erleben die Führungskräfte ganz konkret, welche Botschaften, Dokumente, Formate etc. verwendet werden. Es ist auch im Hinblick auf die Akzeptanz des prinzipiellen Vorgehens wichtig, dass die Führungskräfte frühzeitig über den Umsetzungsprozess, wie er auch später bei ihren Mitarbeitern zur Anwendung kommt, im Bilde sind.

### Aufbau und Vorbereitung der Change Community

Es liegt im Interesse jedes Unternehmens, den Kulturwandel aus eigener Kraft zu gestalten. Deshalb sollte nichts unversucht bleiben, im Unternehmen gezielt Ressourcen zur Unterstützung des Kulturwandels aufzubauen. In der Praxis hat sich die Einrichtung einer „Change Community" bewährt. Mit der Change Community wird bewusst eine breitere Basis innerhalb der Organisation zur Unterstützung des Kulturwandels geschaffen. Der Kulturwandel braucht neben den unmittelbar betroffenen Linienmanagern einen internen Motor, der die Entwicklung mit vorantreibt. Mit externen Beratern und Trainern kann der Veränderungsprozess zwar angestoßen werden. Einen nachhaltigen und dauerhaften Lernprozess zu etablieren, gelingt jedoch nur mit internen Kräften.

Für die Change Community werden aus allen wichtigen Unternehmensbereichen Personen ernannt, die den Veränderungsprozess aktiv begleiten. Aufgabe dieses Personenkreises ist vor allem:

- Die Führungskräfte als die Hauptverantwortlichen der Kulturveränderung inhaltlich zu unterstützen
- Die Dynamik des Veränderungsprozesses zu erhalten
- Sich – wo nötig – mit seiner Erfahrung in den Kulturwandelprozess einzubringen
- Erfahrungen aus diversen Unternehmensbereichen zu sammeln und weiterzugeben
- Als Ansprechpartner bei wichtigen Problemen und Entscheidungen zur Verfügung zu stehen
- Die Qualität des Roll-outs zu sichern

Die Change Community rekrutiert sich aus Personen, die im Unternehmen anerkannt und bereit sind, sich in verstärktem Maße für die Ziele des Kulturwandels zu engagieren. Vorzugsweise gehören zu diesem Kreis (untere) Linienmanager, aber auch Angehörige von Stabsstellen oder (bei großen Firmen) Vertreter der internen Trainingsorganisation. Ihre Aufgabe besteht in der Moderation von Workshops und Meetings bzw. darin, im Alltag als Ansprechpartner zur Verfügung zu stehen. Die Effektivität der Change Community wird erheblich verbessert, wenn es gelingt, möglichst viele Linienmanager für diese Aufgabe zu gewinnen.

Die „Ernennung" der Change Agents erfolgt durch ihre Vorgesetzten, nicht zuletzt deshalb, um mit Nachdruck auf die herausgehobene Rolle und die Verantwortung dieses Personenkreises zu verweisen. Der Change Community anzugehören, sollte als Auszeichnung verstanden werden, die – im Rahmen der Möglichkeiten – durch finanzielle Anreize unterstützt wird. Teil der Change Community zu sein, kann auch als Karriereschritt definiert und gefördert werden. Selbst wenn die Hauptaufgabe der Change Community erst mit Beginn des Roll-outs beginnt, sollte der Selektionsprozess möglichst frühzeitig erfolgen.

Die Einrichtung einer Change Community macht sich in mehrfacher Hinsicht bezahlt. Zum einen unterstützt sie ganz konkret den aktuellen Kulturwandel. Zum anderen steht mit ihr über den eigentlichen Projektzweck hinaus eine erfahrene und motivierte Mannschaft für weitere Veränderungsprojekte zur Verfügung. Man kann noch grundsätzlicher argumentieren: Die ständige Veränderung wird (ist bereits) eine Konstante im Unternehmensalltag. Diesen Gedanken so früh und umfassend wie möglich im Unternehmen zu platzieren, zahlt sich langfristig aus. Mit der Institutionalisierung der Change Community wird somit auch ein Beitrag zur permanenten Lernfähigkeit der Organisation geleistet.

## Entwicklung der Roll-out-Formate

Welche Formate letztlich am ehesten geeignet sind, die Kernbotschaften in das Unternehmen zu tragen, muss jeweils individuell entschieden werden. Finanzielle und zeitliche Überlegungen werden dabei ebenso eine Rolle spielen wie die Möglichkeit, größere Personengruppen zeitweilig aus dem Arbeitsprozess zu nehmen, ohne das Tagesgeschäft ernsthaft in Mitleidenschaft zu ziehen. Wir stellen im Folgenden mehrere idealtypische Roll-out-Formate vor, die sich – jedes einzelne und in Kombination – bei Unternehmen unterschiedlicher Größe bewährt haben. (Um einen nachhaltigen Effekt zu erzielen, sollten mindestens drei Kontaktpunkte eingeplant werden.)

### Erster Kontaktpunkt: Großgruppenveranstaltungen

Will man möglichst schnell große Teile der Belegschaft erreichen, bieten sich Großgruppenveranstaltungen an. Eine Größenordnung von bis zu 300 Personen ist noch gut zu handhaben und es besteht ausreichend Zeit und Raum für Diskussionen. Die Vorteile der Großgruppe liegen auf der Hand:

- Schnelle Erreichbarkeit einer großen Zahl von Mitarbeitern
- Ökonomie des Ressourceneinsatzes
- Potenziell große Breitenwirkung in die Organisation
- Teilnahme von Top-Managern wahrscheinlicher

Gleichzeitig bringt eine Großgruppenveranstaltung einige Nachteile mit sich:

- Eingeschränkte Möglichkeiten zum Dialog
- „Öffentlicher" Charakter hemmt dabei, kritische Themen anzusprechen
- Anonyme Atmosphäre

Es liegt in der Natur der Großgruppe, dass einer gemeinsamen Diskussion weniger Raum geboten wird. Dennoch sind auch in diesem Rahmen ein Informationsaustausch und Diskurs möglich. Durch geschickte Regie und Moderation kann sehr wohl eine gute Balance zwischen Informationsvermittlung einerseits sowie Reflexion und Meinungsaustausch andererseits erzeugt werden. Speziell Großgruppenveranstaltungen bieten die Chance, Vertreter des Top-Managements einzubeziehen, die für eine Vielzahl von kleineren Workshops aus zeitlichen Gründen kaum zur Verfügung stehen können – selbst wenn sie es wollten. Bei Veranstaltungen dieser Art sollte der Anteil an Frontalpräsentationen gering gehalten und stattdessen der Diskussion in Kleingruppen und mit dem Management ausreichend Raum gegeben werden. Der Zeitrahmen kann zwischen ein und drei Tagen variieren, je nach Zielgruppe und Themenstellung.

**Erster Kontaktpunkt: Workshops**

Nicht immer sind Großgruppenveranstaltungen durchführbar oder die beste Vorgehensweise. Als Auftaktveranstaltung eignen sich dann ein- bis zweitägige Workshops, um die wichtigsten Inhalte zu vermitteln. Primäres Anliegen ist es, den Dialog mit allen Teilnehmern über die Ziele des Kulturwandels zu führen und praktische Aktivitäten daraus abzuleiten. Vor allem kommt es darauf an (wie bei der Großgruppenveranstaltung auch), die Teilnehmer „abzuholen" und ihnen ausreichend Gelegenheit zur Diskussion der Veränderungsziele zu bieten. Dazu gehört auch das Eingehen auf Bedenken und Vorbehalte, die eventuell durch das Kulturprojekt ausgelöst werden. Erst wenn diese kognitive und emotionale Hürde genommen wurde, lässt sich frei und konstruktiv über die Chancen und praktischen Konsequenzen der neuen Kultur sprechen. Die Diskussionsinhalte werden der jeweiligen Teilnehmergruppe angepasst.

Workshops, die ohne konkrete, personenbezogene Vereinbarungen enden, bewegen sich meistens auf der Ebene gutgemeinter Absichtserklärungen, ohne allerdings in der Praxis viel zu verändern. Erst wenn individuell Verpflichtungen eingegangen werden, besteht eine Chance, dass es keinen Rückfall in die „alten" Verhaltensmuster geben wird. Die ideale Gruppengröße für Workshops liegt bei maximal 15 bis 20 Personen. Bei dieser Teilnehmerzahl ist ein offener Meinungsaustausch zwischen allen Beteiligten noch möglich. (Ein Vorschlag zum Workshop Design befindet sich im Anhang 12.5 b) Die Workshops sollten Off-Site erfolgen und unbedingt den oder die nächst höheren Vorgesetzte(n) einbeziehen. Es ist erwiesenermaßen hilfreich, wenn sich die jeweiligen Vorgesetzten der Diskussion stellen. Die Workshops selbst erfordern einigen Aufwand an Vorbereitung und sollten von einem erfahrenen Moderator geleitet werden (z. B. aus der Change Community).

**Zweiter Kontaktpunkt: Halbtägige Workshops**

Zwischen dem ersten und zweiten Kontaktpunkt liegen erfahrungsgemäß mehrere Monate. Die Organisation hatte in der Zwischenzeit Gelegenheit, umfangreiche Erfahrungen mit der Umsetzung des Kulturprogramms zu sammeln. Jetzt macht es Sinn, innezuhalten und das bislang Erreichte gemeinsam zu reflektieren. Welche Ziele wurden erreicht, wo besteht eventuell (erheblicher) Korrekturbedarf? Ein halbtägiger Workshop dient im Wesentlichen einer Positionsbestimmung und sollte fest im Projektzeitplan verankert sein.

Vorbereitung (1)

- Bedingt durch den geringeren Zeitbedarf kann dieser Kontaktpunkt auch leicht in bereits bestehende Regelmeetings integriert werden. Bereits im Vorfeld der eigentlichen Veranstaltung kann ein so vereinbarter Kontaktpunkt disziplinierend wirken. Zumindest bringt er das Thema Kultur und die kritische Reflexion des eigenen Verhaltens auch in der Hektik des Unternehmensalltags zurück auf die Agenda. Bedingt durch den engen Zeitrahmen liegt der Schwerpunkt auf wenigen Themen:
- Überprüfung des bislang Erreichten: Was wurde erfolgreich umgesetzt? Wo besteht noch Handlungsbedarf?
- Review der Vorgehensweise: Wo ist der Kulturwandelprozess ggf. anzupassen?
- Erarbeitung der nächsten praktischen Schritte (Aktionsplan)

**Dritter Kontaktpunkt: Refresher**

Der dritte und letzte Kontaktpunkt innerhalb des Roll-outs sollte wiederum drei bis sechs Monate nach der letzen Veranstaltung erfolgen. Er stellt sicher, dass Vereinbarungen, die während des zweiten Workshops getroffen wurden, im Rahmen des Projektmanagements nachgehalten werden und bildet den Abschluss der offiziellen Roll-out-Phase. Das Ziel der Veranstaltung ist es, die Veränderungen des letzten halben bzw. des ganzen Jahres noch einmal Revue passieren zu lassen und gleichzeitig darüber zu diskutieren, welche Wegstrecke zu einer konsolidierten neuen Kultur noch vor dem Team liegt. Der Refresher wird in eine der turnusmäßigen Bereichs- oder Abteilungsbesprechungen integriert und minimiert dadurch den Zusatzaufwand.

**Abbildung 8.3:** Die Roll-out-Kaskade im Zeitverlauf

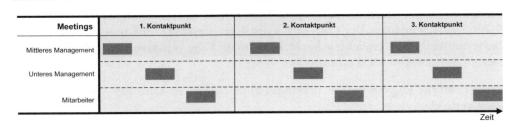

## Pilotierung der Roll-out-Formate

Es lohnt sich allemal, die für den Roll-out vorgesehenen Formate vor ihrer flächendeckenden Einführung einem Testlauf zu unterziehen. Diese Pilotphase erfordert vergleichsweise wenig Aufwand und bietet die Möglichkeit einer abschließenden Feinjustierung des Vorgehens. Der zusätzliche Aufwand an dieser Stelle macht sich später bezahlt. Bei größeren Unternehmen ist eine Pilotierung unerlässlich. Als „Härtetest" lohnt es sich, in der Pilotphase besonders „kritische" Bereiche oder Einheiten für die Pilotworkshops auszuwählen, ganz nach dem Motto „Wenn es bei denen funktioniert, dann funktioniert es überall". Die wesentlichen Fragen im Rahmen der Pilotierung sind hierbei:

- Verständlichkeit und Relevanz der Botschaften (und verwendeten Dokumente/Unterlagen)
- Praxisnähe: Ist der unmittelbare Wirklichkeitsbezug nachvollziehbar, können praktische Aktivitäten und Maßnahmen abgeleitet werden?
- Motivation: Ist der didaktische Aufbau geeignet, um zur Mitarbeit zu motivieren?
- Stimmigkeit des Gesamtkonzeptes

Erfahrungsgemäß reichen zwei bis drei exemplarische Workshops (um zunächst bei diesem Formatbeispiel zu bleiben) aus, um die Einsatzfähigkeit des Roll-out-Konzeptes abschließend zu überprüfen. Sobald die gesamten Vorbereitungen abgeschlossen sind, kann der eigentliche Roll-out beginnen.

## 8.2   Einbindung der Führungskräfte (2)

Dreh- und Angelpunkt jeder größeren Veränderung im Unternehmen sind die Führungskräfte. Nur wenn es gelingt, einen wesentlichen Teil der Führungsmannschaft vor den Karren der Veränderung zu spannen, hat das ganze Vorhaben Aussicht auf Erfolg. Je schneller die Führungskräfte „an Bord sind", desto größer sind die Aussichten auf Erfolg.

### Inhalte

Im Vordergrund steht die Information der Führungskräfte über den Stand der bisherigen Planung (Ziele, Maßnahmen, Zeitplan). Bereits hier wird erkennbar, dass bei Weitem nicht alle Details im Vorfeld exakt vorbereitet werden konnten. Im Kontext der allgemeinen Zielsetzung bleibt (durchaus absichtlich) immer noch viel Gestaltungsspielraum für die Führungskräfte erhalten. Der Roll-out bei den Führungskräften soll neben der Informationsvermittlung vor allem auch jeden Manager in die Lage versetzen, den Kulturwandel in seinem Aufgabenbereich voranzutreiben.

Dazu bietet der Roll-out-Prozess praktische Hilfestellung. Im Einzelnen werden folgende Ziele verfolgt:

- Die Führungskräfte von der Notwendigkeit des Kulturwandels überzeugen
- Schaffung einer gemeinsamen Plattform für eine offene und kritische Diskussion aller relevanten Einstellungs- und Verhaltensthemen
- Welche Chancen und Perspektiven sehen wir?
- Welche Merkmale unserer Kultur geben wir auf?
- Was wollen wir (unter allen Umständen) behalten?
- Was bedeutet die neue Kultur für mich persönlich und mein Führungsverhalten?
- Motivation aller Führungskräfte, sich nach Kräften für den Kulturwandel zu engagieren

- Herausarbeiten der Vorteile des Kulturwandels (für den Einzelnen/das Unternehmen)
- Auseinandersetzung mit Bedenken, Einwänden, Sorgen und Vorbehalten
- Befähigung der Führungskräfte, die Ziele des Kulturwandels aktiv in der Organisation zu vertreten und umzusetzen (Einstellen auf die wichtigsten Herausforderungen und wie damit umgegangen werden kann)
- Managen von Konflikten (argumentativ mit Einwänden und Vorbehalten umgehen)
- Vermittlung einer einheitlichen Sprachregelung zu den Kernbotschaften
- Ein Gesamtverständnis des Roll-out-Prozesses vermitteln (Zielsetzungen, Meilensteine, erwartete Ergebnisse, Nachverfolgung und Erfolgskontrolle)
- Kennenlernen der vorgesehenen Methoden und Tools des Roll-outs und damit Vertrauen in die Effektivität der Vorgehensweise schaffen

Neben der Frage nach der prinzipiellen Akzeptanz des Kulturwandels stehen beim mittleren und unteren Management naturgemäß operative und taktische Maßnahmen im Vordergrund. Generell sollte der Fokus auf den Themen der praktischen Umsetzung liegen und dazu Hilfestellung bieten, sei es in Form von Argumenten, sei es durch Instrumente und Handlungsanweisungen.

### Methode/Prozess

Schnelligkeit und Wirksamkeit haben absolute Priorität beim Roll-out der Führungskräfte. Daher sollten alle Möglichkeiten genutzt werden, um einen Großteil der Führungskräfte zeitnah zu informieren. Als Format bietet sich hier die Großgruppenveranstaltung an, zumal sie die flexible Handhabung der Teilnehmerzahl ermöglicht (siehe hierzu Anhang 12.5 a). Es genügt allerdings nicht, Information lediglich qua „Druckbetankung" von oben zu liefern. Events dieser Größenordnung laufen leicht Gefahr, zu einseitigen Informationsveranstaltungen zu werden. Wenn wichtige Teile der Führungsmannschaft des Unternehmens erst noch überzeugt werden müssen, kann dies nur geschehen, indem die Möglichkeit zur intensiven Auseinandersetzung geboten wird. Auch bei Großveranstaltungen ist ein Dialog zwischen Top-Management und mittlerem Management möglich (und notwendig!). Mit Hilfe sorgfältig vorbereiteter und moderierter Kleingruppenarbeit kann ein echter Beitrag zur gemeinsamen Willensbildung geleistet werden. Das (Top) Management spielt in dieser Phase erwartungsgemäß eine wichtige Rolle.

Jede Äußerung und jedes Verhalten werden mit großem Interesse registriert. Geschlossenheit und Glaubwürdigkeit des (Top) Managements sind in dieser sensiblen Phase absolut essenziell.

Mit Großveranstaltungen erreicht man in kleineren Unternehmen sehr wahrscheinlich die gesamte Führungsmannschaft (sofern es aus betriebstechnischen Gründen überhaupt möglich ist, alle zur gleichen Zeit und am selben Ort zu versammeln). Bei Großunternehmen sind sicher mehrere solcher Veranstaltungen erforderlich. Je nach Diskussions- und Informationsbedarf sind zwei- bis dreitägige Veranstaltungen erforderlich.

Reichen Großveranstaltungen nicht aus, um alle Führungskräfte im ersten Durchlauf zu erreichen, sollte auf Workshops mit kleineren Teilnehmerzahlen zurückgegriffen werden (siehe Anhang 12.5 b). Wenn dem keine logistischen oder finanziellen Gründe entgegenstehen, sind Workshops ohnehin der besser geeignete, weil „intimere" Rahmen für das „On-Boarding" der Führungskräfte. Die „Regel" der drei Kontaktpunkte gilt natürlich auch für die Führungskräfte, die im Rahmen eines systematischen Roll-outs ohnehin mehrfach mit der Thematik konfrontiert werden. Dessen ungeachtet ist es wichtig, den Führungskräften frühzeitig zu vermitteln, dass es ihre Aufgabe ist, die Kernbotschaften des Kulturwandels immer wieder ihren Mitarbeitern in Erinnerung zu rufen. („Ist das, was wir gerade machen, im Einklang mit unserer neuen Kultur oder bewegen wir uns wieder in den alten Bahnen?")

Der erforderliche Zeitraum für die Einbindung der Führungskräfte richtet sich nach der Größe des Unternehmens. Dennoch sollte diese Phase selbst bei Großunternehmen oder Konzernen innerhalb weniger Monate abgeschlossen sein, um die nötige Veränderungsdynamik in der Organisation zu erzeugen. Das Top-Management ist in jedem Fall gut beraten, sich der Unterstützung seiner Führungskräfte (wenigstens des größten Teils) sicher zu sein, ehe es die gesamte Organisation einem mitunter schmerzhaften und langwierigen Veränderungsprozess unterwirft.

### Zwischenfazit: Führungskräfte einbinden und vorbereiten

Nach Abschluss der ersten Roll-out-Kaskade sind die Führungskräfte idealerweise in der Lage, ihrer Rolle als „Multiplikatoren" voll und ganz gerecht zu werden. In der Praxis bedeutet dies, dass sie

- die Notwendigkeit des Kulturwandels einsehen und gegenüber ihren Mitarbeitern vertreten können;
- (hoch) motiviert sind, den Kulturwandel in ihrem Verantwortungsbereich voranzutreiben;
- eine klare Vorstellung von ihrer (neuen) Rolle im Kulturwandelprozess haben. Unter anderem heißt das, den Prozess der Lösungssuche zu moderieren, Konflikte auf einem erträglichen Niveau zu halten, Mitarbeiter und Kollegen nicht aus der gemeinsamen Verantwortung für die Einstellungs- und Verhaltensänderungen zu entlassen;
- in der Lage sind, die wichtigsten Kernbotschaften des Kulturwandels in die Organisation weiterzugeben; (Was ist uns in Zukunft wichtig, worauf legen wir besonderen Wert! Was lassen wir in Zukunft weg oder machen wir anders!)
- für ihren Verantwortungsbereich – soweit erforderlich – ein Mission Statement (Auftrag) entwickeln, das die Verknüpfung von Geschäftszielen und kulturellen Anforderungen leistet;

- konkrete Vorstellungen entwickelt haben, was sie als Nächstes tun werden und wie sie diese Aktivitäten zeitnah und effektiv umsetzen können;

- wissen, welche Art der Unterstützung sie im Unternehmen (Projektteam, Change Community) erhalten können.

Somit steht dem eigentlichen Ausrollen der neuen Kultur in die gesamte Organisation zumindest aus konzeptioneller und inhaltlicher Seite nichts mehr im Wege.

## 8.3 Einbindung der Mitarbeiter (3)

Mit dem „Einschwören" der Führungskräfte auf den neuen Unternehmenskurs wurde zwangsläufig erst ein relativ kleiner Teil der Belegschaft erreicht. Ein Kulturwandel entfaltet jedoch erst dann seine volle Dynamik, wenn die Kernbotschaften von den meisten Mitarbeitern verstanden und gelebt werden. Und genau das ist das Ziel der nächsten Phase des Roll-out-Prozesses.

### Inhalt

Wofür interessieren sich die Menschen in Veränderungsprozessen? Die Erfahrung zeigt, je größer der hierarchische Abstand zur oberen Managementebene ist, desto eher nimmt das Interesse an allgemeinen strategischen oder philosophischen Diskussionen ab. Was jedoch jeden Mitarbeiter brennend interessiert ist die Frage, welche Auswirkungen sich für den Einzelnen und seine Arbeit aus den Veränderungen ergeben und was praktisch-konkret zu tun ist, um die Zielvorstellungen zu erreichen. Abstrakten Diskussionen über kulturelle Werte und „neues Verhalten" mangelt es am notwendigen Praxisbezug. Entscheidend ist ja immer die Frage: „Und was machen wir denn jetzt konkret?" Die inhaltlich wichtigsten Zielsetzungen für den Roll-out im gesamten Unternehmen lassen sich daher wie folgt umreißen:

- Vermittlung der Kernbotschaften des Kulturwandels (Ziele, Maßnahmen, Zeitrahmen)
- Begründung der Notwendigkeit des Kulturwandels
- Eingehen auf Bedenken und Einwände, aber auch Sorgen und Ängste
- Motivation der Mitarbeiter durch die Chance, an der konkreten Umsetzung der Veränderungsziele in ihrem Aufgabenbereich mitzuarbeiten
- Erarbeitung konkreter individueller Aktions- und Maßnahmenpläne
- Systematisches Nachhalten der individuellen/Teamvereinbarungen
- Integration des Kulturwandels (der jeweils relevanten Themen) in das Tagesgeschäft

Ein Kulturwandel tritt dann ein, wenn die Leistungsträger auf allen Ebenen des Unternehmens (nicht nur die Führungskräfte!) überzeugt wurden oder doch wenigstens bereit sind, die Veränderungsziele aktiv zu unterstützen. Solange sich nur Einzelne engagieren, fehlt es der gesamten Organisation an der notwendigen Dynamik: Die Veränderung nimmt erst dann Fahrt auf, wenn ein spürbarer „Ruck" durch die Organisation geht.

Gleichermaßen wichtig ist die Tatsache, dass die Thematik des Kulturwandels (also konkrete Einstellungs- und Verhaltensänderungen) fest in den betrieblichen Alltag integriert und nicht als ein „aufgesetztes Projekt" erlebt wird, das man mit einigen gezielten Maßnahmen bedient, dann aber schnell ad acta legt. Keine Gelegenheit im Alltag sollte ausgelassen werden (und hier sind die Manager gefordert), sei es bei Routinetätigkeiten, im Kontakt mit den Kunden, bei Arbeitsbesprechungen, immer wieder den Bezug herzustellen zwischen den konkreten Aktivitäten und den Veränderungszielen. Die Kernfrage lautet hier wieder: Unterstützt das Verhalten die Ziele oder laufen wir Gefahr, wieder in den alten Trott zu verfallen?

## Methode/Prozess

Die eingangs skizzierten Veranstaltungsformate werden je nach Unternehmenssituation auch für den unternehmensweiten Roll-out genutzt – und dabei inhaltlich und von der Prozessseite auf die besonderen Bedürfnisse vor Ort abgestimmt.

Grundsätzlich bilden Großveranstaltungen einen praktikablen Einstieg in die Veränderungsthematik, weil viele Beschäftigte schnell und effektiv erreicht werden können. Bei potenziell konfliktreichen Situationen sind dagegen Workshops eindeutig vorzuziehen, die im kleinen Kreis (geschützter Rahmen) eher die Möglichkeit einer offenen und konstruktiven Diskussion bieten. Auch das Format des Refreshers ist sehr hilfreich und kann beliebig oft eingesetzt werden, ohne einen erheblichen Zusatzaufwand zu verursachen (siehe hierzu Anhang 12.5 c-d).

Ohnehin wäre es sinnvoll (und dazu leicht anzuwenden), wenn das Kulturthema (und die dazu vereinbarten Aktionen) fester Bestandteil der regelmäßigen Meetingagenda würden. Durch die Integration in den Arbeitsalltag wird dem Thema der Anstrich des Aufgesetzten oder Zusätzlichen genommen. Kulturwandel wird Teil der Normalität.

Bei alldem spielen die Führungskräfte eine zentrale Rolle. Unterstützung erhalten sie – von Fall zu Fall – von Vertretern der Change Community etwa im Rahmen einer gemeinsamen Workshopmoderation. Einzelheiten dieser Unterstützung werden in Abstimmung mit dem Projektteam geklärt.

Noch eine abschließende Bemerkung zur Rolle des Projektmanagements während der Umsetzungsphase: Selbst ein noch so minutiös geplanter Kulturprozess wird im Laufe der Zeit aus aktuellem Anlass Änderungen unterliegen. Das Projektmanagement sollte deshalb darauf gefasst sein, die Vorgehensweise immer wieder anpassen zu müssen. Umso wichtiger ist die kontinuierliche Betreuung des Veränderungsprozesses durch das Projektmanagement, das alle wichtigen Elemente des Projektes auf dem Radarschirm behält.

Neben dem Monitoring der Zeitpläne, der Aktualisierung der Toolbox und des Ressourceneinsatzes liegt es in der Verantwortung des Projektteams, eine Plattform für den kontinuierlichen Erfahrungsaustausch über das Kulturprojekt zu managen. So wichtig die einzelnen Workshops innerhalb der Unternehmensbereiche auch sind, ebenso relevant ist der systematische Know-how und Erfahrungstransfer zwischen den unterschiedlichsten Bereichen. Das Projekt Kulturwandel wird dadurch selbst zum Motor des internen Networking. Eine praktische Möglichkeit hierfür ist die Einrichtung entsprechender regelmäßiger Telefonkonferenzen innerhalb der Change Community, bei denen Fortschritte und Probleme in der Gruppe diskutiert werden.

## 8.4 Fazit: Die Organisation für den Wandel gewinnen

Ein wirklicher und dauerhafter Kulturwandel braucht Zeit – aber genau die fehlt meistens. Diesem Dilemma kann nur dadurch begegnet werden, indem das Thema Verhaltensänderung über einen längeren Zeitraum immer wieder aufgegriffen, im Rahmen der aufgezeigten Veranstaltungen gemeinsam diskutiert und schließlich zum festen Bestandteil von Meetingroutinen wird. Je häufiger und intensiver dies geschieht, desto wahrscheinlicher ist es, dass der individuelle und kollektive Lernprozess voranschreitet und die neue Kultur in den Alltag übergeht. Auch wenn es mitunter etwas lästig sein dürfte, die gebetsmühlenartige Wiederholung verfehlt mittelfristig nicht ihre Wirkung. Am „Thema dranbleiben" ist übrigens ein wesentliches Element, um die Nachhaltigkeit des Kulturwandels zu sichern. Diesem Aspekt widmen wir uns eingehend im nächsten Kapitel.

### Checkliste Roll-out

**! Worauf man achten muss**
- Führungskräfte abholen und in die Lage versetzen, den Prozess zu steuern
- Verständnis für die neue Kultur schaffen und Rollenverständnis klären
- Mitarbeiter motivieren und mit Widerständen umgehen können
- Vorteile der neuen Kultur herausstellen: „Was bringt das für mich, für unsere Arbeit!"
- Die Change Community etablieren und optimal nutzen
- Den Fokus auf der Verhaltensebene halten
- Die persönliche Verantwortung für die Veränderung erkennbar machen
- Kommunizieren, kommunizieren, kommunizieren (insbesondere Manager)
- Die Veränderungsdynamik erhalten

**✗ Was man vermeiden sollte**
- Den Roll-out an die mittlere Führungsebene delegieren, ohne sie angemessen auf die Rolle vorzubereiten
- Die neue Kultur von oben verordnen
- Die neue Kultur nicht sichtbar genug vorleben (insbesondere Manager)

**▢ Organisatorisches**
- Eine Plattform für den Erfahrungsaustausch managen
- Eine kontinuierliche Projektkommunikation sicherstellen

# 9 Sicherstellen der Nachhaltigkeit – Die klassische Schwachstelle

Alle, die mit Veränderungsprozessen vertraut sind, wissen, dass nach einer ersten Phase des Engagements und der Motivation sehr schnell die Zwänge des Alltags wieder überhandnehmen. Die nachhaltige Verankerung des Kulturwandels erweist sich damit als die Achillesferse von Veränderungsprojekten, speziell bei grundlegenden Einstellungs- und Verhaltensmerkmalen. Viele sind der irrigen Auffassung, dass mit Abschluss des Roll-outs auch die Kulturveränderung abgeschlossen ist. Dem ist leider nicht so. Vielmehr ist eine in der folgenden Abbildung 9.1 dargestellte Entwicklung wahrscheinlicher. Mit dem Ende der Roll-out-Aktivitäten (Projektabschluss) steigt das Risiko eines „kulturellen Rückfalls" in alte Verhaltensweisen und vertraute Routinen.

**Abbildung 9.1:** Kulturelle Entwicklung im Zeitverlauf

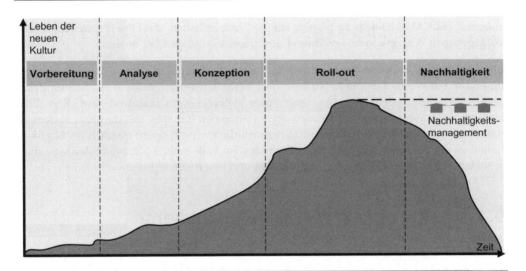

Die Gretchenfrage lautet somit: Wie kann es gelingen, die Dynamik der Veränderung – trotz aller Widrigkeiten im Alltag – zu erhalten?

So verständlich der Wunsch nach speziellen Methoden, Instrumenten oder gar „magischen Tricks" ist, die beste Voraussetzung ist immer noch die Einsicht in die Notwendigkeit der Veränderung. Wer davon nicht wirklich überzeugt ist, wird sich sehr leicht (oder nur zu gern) durch die Erfordernisse des Alltags vom eigentlichen Ziel ablenken lassen.

Dieser Einstellungsaspekt ist auch deshalb so entscheidend, weil Veränderungen der Unternehmenskultur sich in einem wesentlichen Punkt von anderen Veränderungsprozessen unterscheiden: Mit dem offiziellen Abschluss des Kulturprojektes ist der Veränderungsprozess nicht beendet. Zwar sind die Kernbotschaften allen bekannt, aber es wird noch geraume Zeit nach dem Projekt dauern, ehe die neuen Werte und Verhaltensweisen im individuellen und kollektiven Gedächtnis des Unternehmens fest verankert sind. Solange das nicht erfolgt ist, besteht das Risiko, wieder „rückfällig" zu werden.

So gesehen ist ein Kulturveränderungsprozess nie gänzlich abgeschlossen. Jede Organisation (und deren Mitglieder) tendiert nach Phasen des Umbruchs zu Phasen der Konsolidierung und Stabilisierung. Angesichts der wachsenden Komplexität und Veränderungsgeschwindigkeit befinden sich Unternehmen – nolens volens – in einem kontinuierlichen Lern- und Veränderungsprozess. Es kann nicht darum gehen, Veränderungen „festzuschreiben". Nachhaltigkeit bedeutet, das Vereinbarte umzusetzen, gleichzeitig jedoch das Grundanliegen einer adaptiven Unternehmenskultur nicht aus den Augen zu verlieren, d. h. flexibel zu bleiben für weitere Veränderungen. Was immer an Maßnahmen oder Instrumenten zur Sicherung der Nachhaltigkeit eingesetzt wird, muss auch dieser Tatsache Rechnung tragen.

Doch nun vom Grundsätzlichen zurück zum Praktisch-Konkreten. Wem die Nachhaltigkeit einer Kulturveränderung am Herzen liegt, tut gut daran, bereits zu Projektbeginn entsprechende Maßnahmen zu planen, die verhindern helfen, dass die Organisation vom vorgegebenen Weg abkommt – während des Projektes und darüber hinaus.

Eine nachhaltige Wirkung der Kulturveränderung stellt sich dann ein, wenn die als wichtig erachteten Werte, Leitlinien, Normen und Verhaltensweisen auch in die Standardprozesse und Leistungsbewertungssysteme eines Unternehmens integriert sind. Erst diese institutionelle Verankerung schafft den organisationalen Rahmen, mit dem das systematische Nachhalten (einschließlich eventuell erforderlicher Sanktionen) möglich ist. Nachhaltigkeit ist ein zentrales Anliegen jedes Projektes. Im Falle einer Kulturveränderung unterscheiden wir zwischen kurzfristig, mittelfristig und langfristig wirksamen Maßnahmen.

## 9.1 Kurzfristig wirksame Instrumente

- Da sind zunächst die Aktionspläne und individuellen Commitments, die in den Workshops und (Groß-)Veranstaltungen erarbeitet wurden. Aktionspläne leiden oft darunter, dass die einzelnen Maßnahmen nicht konkret genug definiert werden, um eine effektive Kontrolle zu ermöglichen. Entscheidend ist ja, dass der Einzelne genau versteht, was er/sie in Zukunft (anders) macht, und dass er/sie dafür auch zur Verantwortung gezogen wird. Diese Aktionspläne der Workshops sind der direkteste Hebel, um Verhaltensänderungen zu bewirken und nachzuverfolgen. Damit ist das entscheidende Stichwort gegeben.

- Nachverfolgung: Das Nachhalten von Veränderungen ist eindeutig die Aufgabe der zuständigen Vorgesetzten, die über den Grad der Umsetzung Rechenschaft ablegen müssen. An dieser Stelle wird gerne „geschlampt". Wenn sich erst einmal Nachlässigkeiten eingeschlichen haben ohne spürbare Konsequenzen für den Einzelnen, dann verliert die Umsetzung schnell an Schwung. Absolute Zuverlässigkeit in der Nachverfolgung signalisiert die Entschlossenheit nicht nur des jeweiligen Verantwortlichen, sondern erhöht letzten Endes auch die Glaubwürdigkeit des gesamten Projektes.

Kulturveränderung ist ein Lernprozess, der entscheidend von der inhaltlichen Rückkopplung lebt. Das heißt, es muss intensiv kommuniziert werden, über Fortschritte, aber auch über Misserfolge oder gar Rückschläge. Dass nicht alles wie am Schnürchen klappt, wird jeder verstehen. Umso wichtiger ist es, dass Probleme oder Fehler nicht totgeschwiegen werden. Wenn die Bereitschaft wächst, ohne Schuldzuweisungen und schnelle Verurteilungen aus gemachten Fehlern neue Erkenntnisse zu ziehen, die der gesamten Organisation zugute kommen, ist das an sich schon oft ein wichtiger Schritt in Richtung Kulturveränderung. Diese Rückkoppelung kann auf unterschiedliche Weise erfolgen:

- Quick Wins: Auch wenn schnelle Erfolg für sich genommen noch kein sicheres Indiz für Nachhaltigkeit sind, so liefern sie doch die Grundlage, um nach und nach im Unternehmen Vertrauen aufzubauen, dass die Veränderungen greifen und unumkehrbar sind. Es ist die Aufgabe des Projektteams, für das Erfassen und die Verbreitung der Erfolgsstories im Unternehmen zu sorgen. Quick Wins sind Kernelemente der Kommunikationsstrategie, speziell in der Anfangsphase des Projektes.

- Persönliches Feedback: Es gibt kaum etwas Wirkungsvolleres als ein direktes, konstruktives Feedback, sei es durch Kollegen, Mitarbeiter oder Vorgesetzte. Das Feedback Geben und Nehmen will gelernt sein und gehört bei Weitem nicht zu den Selbstverständlichkeiten in vielen Unternehmen. Gibt es klar vereinbarte Ziele und Erwartungen, und wird Feedback nicht als Maßregelung, sondern als Ansporn und Unterstützung verstanden, kann dadurch viel im Sinne der neuen Kultur erreicht werden. Effektives Feedback ist etwas, was eindeutig (aber nicht ausschließlich) in die Verantwortung der Führungskräfte fällt. Es ist auch ihre Aufgabe, zur Entwicklung einer Feedback-Kultur beizutragen.

- Bestandteil von Routinemeetings: Insbesondere während der Anfangsphasen des Kulturprojektes sollte dieses Thema fester Bestandteil der regelmäßigen Bereichs-/ Abteilungs- oder Teamsitzungen sein. Eine kurze, gemeinsame Reflexion am Ende eines Meetings über den aktuellen Stand der Umsetzung, aufgetretene Probleme und/oder erste Verbesserungen verdeutlicht für alle, wo Fortschritte erzielt wurden und wo noch Handlungsbedarf besteht. Vor allem aber rückt es immer wieder das Thema Kulturveränderung ins Bewusstsein aller Beteiligten.

- Pulse Check: Der Pulse Check ist im Grunde genommen nichts anderes als eine auf die spezifischen Bedürfnisse des Kulturwandelprozesses zugeschnittene Mitarbeiterbefragung. Und wie mit dem Begriff „Pulse Check" bereits angedeutet wird, handelt es sich um ein Instrument, das vergleichsweise häufig, in regelmäßigen Abständen den aktuellen „Gesundheitszustand" des Unternehmens misst. Mit dem Pulse Check werden mehrere Ziele verfolgt:

- „Blitzlicht" zur aktuellen Situation: Wo befindet sich die gesamte Organisation im Veränderungsprozess? Wo stehen die einzelnen Bereiche? Wo gab es Fortschritte, wo nicht?
- Frühwarnsystem: Wenn häufig genug durchgeführt, um zu verorten, ob und wo etwas aus dem Ruder läuft, damit schnell reagiert werden kann.
- Langfristige Erfolgskontrolle: Welche Veränderungsziele wurden erreicht und in welchem Umfang hat sich der Kulturwandel in der gesamten Organisation durchgesetzt?

Neben der aktuellen Momentaufnahme des Veränderungsprozesses dient der Pulse Check vor allem dazu, die Stellen oder Themen im Unternehmen zu identifizieren, wo konkreter Handlungsbedarf besteht. Der Pulse Check wird in aller Regel für die gesamte Organisation in Form eines strukturierten Fragebogens durchgeführt. Um so vielen Mitarbeitern wie möglich das Ausfüllen zu erleichtern, sollte der Fragenumfang relativ begrenzt sein und Ausfüllzeiten von ca. 20 Minuten nicht überschreiten. Wie häufig Pulse Check Befragungen durchgeführt werden, hängt vom Informationsbedarf des Unternehmens ab. Als ausreichend haben sich viertel- oder halbjährliche Befragungen erwiesen. Diese Zeiträume sind insbesondere in der Frühphase des Projektes lang genug, damit Veränderungen sich auch bemerkbar machen können. Da der Pulse Check in regelmäßigen Abständen durchgeführt wird, steht das Kulturthema immer wieder auf die Agenda der gesamten Organisation und zwingt alle Beteiligten, sich mit der Materie zu befassen. Die Pulse Check Ergebnisse werden in der Regel von der gesamten Organisation sehr aufmerksam zur Kenntnis genommen. Wirklich relevant im Sinne einer kontinuierlichen Unterstützung des Kulturwandels ist der Pulse Check allerdings nur dann, wenn alle Ergebnisse (möglichst) ungeschminkt veröffentlicht und – wo nötig – mit den Betroffenen diskutiert werden.

■ Dialogmedien: Spezielle Intranetseiten, Chatrooms, Blogs, Newsletter, um nur einige der möglichen Kommunikationstools aufzuzählen, können für den ständigen Dialog mit der Organisation genutzt werden und liefern für alle Beteiligten (auch dem Projektteam) Stimmungsbilder und Eindrücke von den aktuellen Einstellungen und Wahrnehmungen im Unternehmen: Welche Themen werden als kritisch erlebt, wo sind zusätzliche Informationen notwendig?

■ Prozess-Feedback: Aktiv in das Kulturprojekt involviert sind zahlreiche Linienmanager, Vertreter der Change Community und das Projektteam. Sie sind Teil des Frühwarnsystems und gleichzeitig interne Berater bei Problemen. Es ist hauptsächlich Aufgabe des Projektteams, die vielfältigen Erfahrungen aus dem laufenden Projekt zentral zu sammeln und – soweit zielführend – der restlichen Organisation zur Verfügung zu stellen. Der Veränderungsprozess kann wesentlich beschleunigt werden, wenn man bereit ist, voneinander zu lernen.

## 9.2 Mittelfristig wirksame Instrumente

Veränderungen der Unternehmenskultur sollen natürlich über den Projekthorizont hinaus wirksam bleiben. Eine weitere Möglichkeit, die neue Kultur zu institutionalisieren, besteht in der frühzeitigen Integration wichtiger Kulturmerkmale (z. B. Werte, Leitlinien, Verhaltensnormen) in bestehende Leistungs- und Entwicklungssysteme des Unternehmens.

- Individuelle Zielvereinbarungen: Sie stellen eine ideale Gelegenheit dar, um konkrete Anforderungen der neuen Kultur beispielsweise hinsichtlich des Führungsverhaltens zu verankern. Indem etwa Teile der Führungsleitlinien expressis verbis in die individuellen Zielvereinbarungen aufgenommen werden, erhöht sich ihre Verbindlichkeit und damit ihre Verhaltensrelevanz. Speziell im Hinblick auf ein Performance-Management ergibt sich damit die Chance einer systematischen Leistungskontrolle.

- Balanced Scorecard (BSC): Die BSC bietet eine strategisches Managementsystem, um so zentrale Anliegen wie die Veränderung der Unternehmenskultur dauerhaft und wirkungsvoll auf die Agenda zu setzen, insbesondere für Führungskräfte. Traditionelle Kennzahlensysteme orientieren sich an vergleichsweise leicht quantifizierbaren Kriterien (z. B. Umsätze, Marktanteile, Return on Investment). Kulturelle Ziele sind oft qualitativer Natur (z. B. Verbesserung der Teamarbeit) und deshalb gelegentlich schwieriger zu quantifizieren. Definitions- oder Abgrenzungsprobleme sollten jedoch nicht dazu führen, dass derlei Themen gänzlich unter den Tisch fallen. Viel entscheidender ist, dass die „weichen" Kulturthemen auf der Agenda stehen und damit nicht einfach übergangen werden können. Durch die Aufnahme kultureller Aspekte in die Balanced Scorecard (z. B. Führungsverhalten, Mitarbeiterentwicklung, Unterstützung des Netzwerkgedankens, Förderung von Diversity im Unternehmen) werden für jedermann sichtbar Schwerpunkte für die Unternehmensentwicklung gesetzt, die kontinuierlich nachgehalten werden. Kultur gewinnt damit im Gesamtkonzept der strategischen Ausrichtung einen zentralen Stellenwert.

## 9.3 Langfristig wirksame Instrumente

Tiefgreifende Kulturveränderungen brauchen Zeit und benötigen deshalb die systematische Unterstützung durch eine langfristig angelegte Planung und Steuerung im Bereich Human Resources. Im Mittelpunkt stehen dabei die folgenden Instrumente:

- Personalentwicklung: Eine solide Grundlage für längerfristige Veränderungen wird geschaffen, indem die kulturellen Anforderungen in die bestehenden (oder noch zu etablierenden) Mitarbeiterentwicklungs- und Förderprogramme integriert werden. Leitlinien – sofern sie ausreichend operationalisiert wurden – können auch zur Beurteilung von Mitarbeitern herangezogen werden.

- Führungskräfteentwicklungsprogramme nehmen die neuen Leitlinien und erwarteten Verhaltensweisen in ihren Kanon auf. Damit ist eine längerfristige Personalplanung und Entwicklung möglich, die auf die strategischen Zielsetzungen des Unternehmens ausgerichtet ist und diese im Geschäftsalltag aktiv unterstützt. (In diesem Zusammenhang haben sich unter anderem verschiedene Instrumente zur Einschätzung von persönlichen und sozialen Kompetenzen bewährt. Siehe auch 12.7 a)

- Und nicht zu vergessen: Auch Bonus- und Anreizsysteme müssen so angelegt sein, dass sie das erwünschte Verhalten honorieren. Wenn der Performance Review ausschließlich auf individuelle Leistungen abhebt, wird dadurch schwerlich die Teamarbeit und das bereichsübergreifende Netzwerken gefördert. Die kulturelle Anpassung von Bonus- und Anreizsystemen geschieht nicht über Nacht, ist jedoch ein wichtiger Aspekt für langfristig angelegte Veränderungen.

- Effektives Screening von Stellenbewerbern auf der Basis der Unternehmenswerte und Leitlinien: Je stärker die kulturellen Werte und Leitlinien in allgemeine Bewertungssysteme zur individuellen Bewertung integriert sind, desto eher beeinflussen die Werte und Leitlinien die längerfristige Entwicklung des Unternehmens.

## 9.4  Fazit: Sicherstellung der Nachhaltigkeit

Mit der Information und Einbindung der Führungskräfte und Mitarbeiter sind wichtige Voraussetzungen für den Kulturwandel geschaffen worden. Um wirklich nachhaltige Effekte zu erzielen, bedarf es flankierender Maßnahmen, die die neuen Werte und Verhaltensweisen nicht nur im Bewusstsein der Beteiligten, sondern auch in den Strukturen und Prozessen des Unternehmens/der Organisation verankern. Für Nachhaltigkeit zu sorgen, ist eine Aufgabe (und Herausforderung) für Führungskräfte und Mitarbeiter gleichermaßen. Jeder ist aufgerufen, Mitverantwortung für die Umsetzung der neuen Kultur zu übernehmen. Der nachhaltige Erfolg wird sich nur dann einstellen, wenn das Thema Kultur nach und nach seinen „Projektstatus" verliert und natürlicher Bestandteil des gelebten Unternehmensalltags wird.

Fazit: Sicherstellung der Nachhaltigkeit

## Checkliste Nachhaltigkeit

**! Worauf man achten muss**
- Verankerung der neuen Kultur auf der individuellen Ebene
- Integration des Kulturthemas in bestehende Meetingstrukturen und Führungsinstrumente
- Stellenwert der Kultur auch nach dem Roll-out kommunizieren und im Bewusstsein halten
- Kultur als grundsätzliches Thema statt Projektperspektive

**✗ Was man vermeiden sollte**
- Mangelnde Aufmerksamkeit für die neue Kultur im Management
- Kein systematisches Nachhalten
- „Fehlverhalten" bleibt ohne Konsequenzen

**◯ Organisatorisches**
- Zentrales Nachverfolgen der wichtigsten Veränderungsziele
- Integration der Kulturthemen in Routinemeetings
- Einbindung des Kulturthemas in Führungskräfteentwicklung
- Regelmäßige Pulse Checks

# 10 Die Kommunikation des Kulturwandels

Kommunikation spielt in allen Phasen des Kulturwandels eine zentrale Rolle. Veränderungen sind häufig mit einer (erheblichen) Verunsicherung der potenziell Betroffenen verbunden – wir haben bereits mehrfach an anderer Stelle darauf verwiesen. Daraus entsteht – verständlicherweise – ein enormes Bedürfnis nach verlässlichen Informationen einerseits (man möchte wissen, was beabsichtigt ist) und einem kontinuierlichen Dialog zwischen Management und Belegschaft andererseits (es gibt viele Fragen, auf die Antworten gegeben werden müssen).[7]

Um mit wenig Aufwand eine praktikable Kommunikationsstrategie für ein Kulturwandelprojekt zu konzipieren, ist es am zweckmäßigsten, wenn die Kommunikationsabteilung (oder in kleineren Unternehmen die für Kommunikation zuständigen Mitarbeiter) nach vorheriger Abstimmung mit dem Projektteam ein Kommunikationsaudit für das Projekt durchführt. Hinter dem anspruchsvollen Titel verbirgt sich die schlichte Überlegung, zu Projektbeginn einige wesentliche Kommunikationsaspekte zu definieren, wie z. B.:

- Was sind die Ziele und Aufgaben der Kommunikation?
- Welche Zielgruppen müssen im Rahmen des Projektes bedient werden? (Konzernleitung, Führungskräfte, Belegschaft, Auslandsgesellschaften, Finanzmärkte und Analysten etc).
- Welches sind die Kernelemente einer Kommunikationsstrategie zur Begleitung des Projektes in allen Phasen?
- Welche Medien/Instrumente stehen bereits zur Verfügung bzw. sollten genutzt werden?

Grundsätzlich lassen sich verschiedene Aufgaben der Kommunikation in Veränderungsprozessen bestimmen, die wichtigsten sind:

Allgemein

- Die Ziele des Kulturwandels in einer allgemein verständlichen, glaubwürdigen Sprache vermitteln
- Die Gründe bzw. die Notwendigkeit des Kulturwandels darlegen
- Eine attraktive Perspektive durch den Kulturwandel aufzeigen

---

[7] Natürlich existieren Beiträge, die sich explizit mit der Rolle der Kommunikation im Hinblick auf Unternehmenskultur und Veränderungsprozesse beschäftigen, z. B. Deetz et al. (2000). Doch geschieht dies überwiegend auf theoretischer Basis und weniger praktisch orientiert.

- Nicht nur den Verstand, auch das Herz der Menschen ansprechen (sie emotional erreichen!)
- Eine Basis für die Identifikation mit den Unternehmenszielen schaffen
- Zuverlässig und vertrauenswürdig kommunizieren
- Die Dynamik des Kulturwandelprozesses erhalten und wenn möglich verstärken

Projekt- und phasenspezifisch

- Regelmäßige Updates zum Projektstand liefern
- Kommunikation der Quick Wins (schnelle Erfolge im Projekt) möglichst zeitnah
- Transparenz: Offener Umgang mit Fehlern und eventuellen Rückschlägen sicherstellen
- Die Kommunikation zielgruppenspezifisch entwickeln (Führungskräfte benötigen eventuell andere Informationen als das Gros der Mitarbeiter)
- Sensibel und schnell auf aktuelle Themen reagieren
- Die Regelkommunikation (normale kommunikative Maßnahmen unabhängig vom Projekt Kulturwandel) unterstützen
- Dialogforen für verschiedene Organisations- oder Funktionsebenen einrichten

Die heutige Kommunikationstechnologie bietet zahlreiche Möglichkeiten, den Kontakt zu den Mitarbeitern zu pflegen. Durch die wachsende Vertrautheit im Umgang mit elektronischen Medien steht erfahrenen Kommunikationsexperten in den meisten Unternehmen eine veritable Bandbreite von Optionen zur Verfügung. Aufgrund der technischen Möglichkeiten sollte – wenigstens in der Theorie – gewährleistet sein, dass alle Mitarbeiter auf die eine oder andere Weise in einen kontinuierlichen Kommunikationsprozess eingebunden sind. Die klassischen Instrumente der Unternehmenskommunikation bilden gewissermaßen die Grundlage der kommunikativen Begleitung. Der Vollständigkeit halber haben wir die wesentlichen klassischen Instrumente und Veranstaltungen nochmals zusammengestellt:

- Unternehmenszeitung
- Mitarbeiterzeitung
- Intranet/Internetforen (Change Homepage)
- Regelmäßiger Newsletter
- Briefing der Führungskräfte
- Kaskadenkommunikation (d. h. sequenzielle, aufeinander aufbauende Kommunikationsteile)
- Informationsveranstaltungen (Town Hall Meetings)
- „Meet & Greet" mit dem Top-Management/Mitarbeiterfrühstück

- Poster zur Präsentation der neuen Kultur, z. B. in der Kantine
- Postkarten/Leporello mit den Unternehmenswerten
- „Anker": spezifische Symbole der Kulturveränderungen auf Tassen, Key Chains usw.

Neben den traditionellen Kommunikationsmitteln haben wir in der folgenden Box eine Auswahl von Kommunikationsinstrumenten aufgeführt, die prinzipiell für einen Informationsaustausch im Unternehmen, insbesondere während des Roll-outs, von Nutzen sein können.

**Spezifische Instrumente der Projektkommunikation des Kulturwandels:**

- Change Story: Darstellung der Gründe, die zu dem Kulturwandelprojekt geführt haben, und welche praktischen Ziele damit verfolgt werden. Die Change Story liefert die Basisinformation, die bei Arbeitsbesprechungen, Workshops und Großveranstaltungen verwendet wird, um eine einheitliche Sprachregelung bezüglich der zentralen Anliegen des Kulturwandels zu gewährleisten.

- Blogs: Im Wesentlichen funktionieren Blogs wie ein elektronisches Tagebuch, auf das alle Mitarbeiter Zugriff haben. Denkbar ist ein Logbuch der Veränderung, in dem in regelmäßigen Abständen zentrale Botschaften und Entwicklungen kommuniziert werden. Besonders effektiv kann das Tool dann sein, wenn dieses Logbuch von einem Mitglied der Führungsmannschaft verfasst wird bzw. im Namen des Management-Teams erfolgt. Es ist auch möglich, Mitarbeiter diese Nachrichten direkt kommentieren zu lassen. Blogs sind für den direkten und schnellen (spontanen) Austausch von Informationen und Kommentaren gedacht. Sie funktionieren allerdings nur dann, wenn auch die Führungsriege schnell und zeitnah reagiert.

- (Kultur)Chats: Eine direktere Möglichkeit der Diskussion bieten Chatforen, in denen sich Mitarbeiter und Führungskräfte über die Entwicklungen und Probleme während des Veränderungsprozesses austauschen können. Es ist auch denkbar, über ein solches Tool bestimmte Fragen zu sammeln, die dann in der nächsten Runde beantwortet werden können. Wie bei Blogs gilt: Eine Kontrolle der Inhaltlichen Auseinandersetzung ist nur bedingt möglich. Chats setzen gerade aufseiten der Führungskräfte einiges an Schlagfertigkeit voraus, da es zu überraschenden und durchaus kritischen Fragen kommen kann.

- Videobotschaften (Top-Management): Durch den Einsatz von Videobotschaften wird der Veränderungswille im Top-Management wesentlich greifbarer, als dies jeder Brief oder eine offizielle E-Mail erreichen könnte. Natürlich kann die Videobotschaft den persönlichen Dialog nicht ersetzen, aber sie bildet eine effiziente Möglichkeit, um mögliche Vorbehalte gegenüber der Ernsthaftigkeit der Kulturveränderung abzubauen. Wichtig ist vor allem, dass nicht lediglich Werte vorgestellt werden, sondern Führungskräfte glaubhaft vermitteln können, was diese Werte in ihrer täglichen Arbeit bedeuten und wie sich ihre Arbeit durch die neue Kultur zu verändern beginnt.

- Videotrailer: Wie teilweise im Rahmen der Videobotschaften der Führungsmannschaft angedacht, dienen Videotrailer dazu, kulturelle Veränderungen an konkreten Beispielen festzumachen. Mit diesem Tool können auch Best Practices kommuniziert werden. Videotrailer sind vergleichsweise leicht zu erstellten, z. B. im Rahmen von Veranstaltungen, indem einzelne Teilnehmer kurz zu ihrer Meinung oder ihrer Erfahrung befragt werden. Durch die Verbreitung dieser Botschaften über interne Kanäle und Blogs kann ein positiver Beitrag zur Dynamik des gesamten Kulturwandels geleistet werden. Eine Möglichkeit, um die Veränderungen bereits während eines Workshops für die Teilnehmer plastisch darzustellen besteht darin, Teilnehmer zu Beginn und Abschluss über ihre Einschätzung der neuen Kultur zu befragen. Oft kommen hier schon Unterschiede in der Wahrnehmung zum Vorschein.

- Informationen für Top-Führungskräfte im Intranet: Hierunter sind praktische Hilfestellungen zu verstehen, wie am besten bestimmte Inhalte im betrieblichen Alltag kommuniziert werden können. Dazu gehören beispiellsweise neueste Informationen aus dem Pulse Check oder ein Status Update speziell zur Information der Führungskräfte. Oder es werden Argumente angeboten, wie mit bestimmten kritischen Sachverhalten umgegangen werden kann. Auch hier besteht die Möglichkeit, das Instrument interaktiv auszurichten. Führungskräfte könnten in Form von Chats Erfahrungen über den bisherigen Verlauf des Projektes austauschen sowie Anregungen oder praktische Hinweise kommunizieren.

## 10.1 Kommunikative Steuerung der Kulturveränderung

Die zentrale Aufgabe der kommunikativen Prozessbegleitung ist die Information über den Projektfortschritt. Darüber hinaus fällt ihr die Aufgabe zu, ihren Beitrag zur Aufrechterhaltung der Veränderungsdynamik zu leisten. Es muss für alle Beteiligten erfahrbar, spürbar, nachvollziehbar werden, dass sich tatsächlich mit der Zeit im Unternehmensalltag etwas ändert.

In funktionaler Hinsicht, hält die Projektkommunikation alle Mitarbeiter zeitnah über wichtige Entwicklungen oder Ergebnisse auf dem Laufenden. Das Ziel ist es, einen einheitlichen Informationsstand zu erreichen. Nur weil das Gleiche gesagt wird, bedeutet dies nicht, dass die Nachricht auch gleich verstanden wird. Für die Effektivität der Kommunikation wird es entscheidend sein, den unterschiedlichen Informationsbedürfnissen im Unternehmen gerecht zu werden. Zu Themen, die auf der obersten Managementebene längst abgehakt wurden, bestehen auf anderen Unternehmensebenen noch erhebliche Informationsdefizite. Diesen zielgruppenspezifischen Bedürfnissen und Erwartungen gerecht zu werden, ist eine zentrale Aufgabe der Kommunikation.

Auf der emotionalen Ebene trägt die Kommunikation zur Identifikation mit den Werten und Zielen der neuen Kultur bei. Voraussetzung dafür ist, dass es gelingt, eine glaubwürdige Entwicklungsperspektive zu vermitteln, mit der sich viele im Unternehmen identifizieren können. Besteht genügend Vertrauen in das Management, das Unternehmen durch den Veränderungsprozess zu steuern? Ist eine Harmonisierung der individuellen Wert- und Zielvorstellungen mit denen des Unternehmens möglich? Dies sind alles Fragen, die nicht ausschließlich, aber auch im Rahmen einer Kommunikationsstrategie adressiert werden sollten.

Auf der Verhaltensebene unterstützt die Kommunikation den Kulturwandel, indem kontinuierlich über Fortschritte, aber auch Misserfolge informiert wird. Vor allem jedoch unterstützt die Kommunikation den individuellen und kollektiven Lernprozess.

Schließlich noch eine Anmerkung zur Sprache der Kommunikation. Plakative Botschaften sind – verständlicherweise – bewusste Überzeichnungen, um die zentralen Inhalte auch tatsächlich „rüber zu bringen". Bei Veränderungsprojekten werden Begriffe und Zwischentöne offizieller Verlautbarungen besonders kritisch registriert. Ein klassisches Beispiel ist die übermäßige Verwendung von Anglizismen in überwiegend deutsch geprägten Unternehmen, die die Unternehmenskommunikation unversehens in den Bereich der Werbetexte und bewussten Übertreibungen rückt. Um den „richtigen Ton" zu finden, ist es unerlässlich, auch die Wirkung der Kernaussagen des Projektes zu testen. Auch hier bietet sich wiederum die Change Community als Sprachrohr und Sensor der gesamten Organisation an. Gelingt es, die Kommunikation schnell auf die (sprachlichen und inhaltlichen) Bedürfnisse anzupassen, können zumindest an dieser Stelle unnötige Irritationen während des Veränderungsprozesses verhindert werden.

Zusammenfassend soll nochmals darauf hingewiesen werden, wie wichtig es ist, dass die Abstimmung der Kommunikationsstrategie (Ziele, Mittel, Inhalte) mit dem Top-Management bereits zu Beginn des Kulturprojektes erfolgt.

## 10.2 Kommunikationsrollen während des Veränderungsprozesses

Im Hinblick auf die Kommunikation während der Kulturveränderung lassen sich mindestens drei zentrale Akteure mit teils unterschiedlichen Aufgaben unterscheiden.

### Das Projektteam

Das Projektteam ist für die Koordination aller kommunikativen Aktivitäten (Kommunikationsplan) im Rahmen des Projektes verantwortlich. Die inhaltliche Gestaltung liegt bei der Kommunikationsabteilung (die einen Vertreter /eine Vertreterin im Projektteam hat).

Die Erarbeitung aller für den Roll-out erforderlichen Dokumente erfolgt unter der Federführung des Projektteams in enger Abstimmung mit den Kommunikationsfachleuten. Für das Managen und die kontinuierliche Pflege der eingesetzten Medien (z. B. Videobotschaften, Newsletter, Chat Room) sind wiederum die entsprechenden Kommunikationsspezialisten verantwortlich.

Der Kommunikationsplan bildet das Gerüst für die effektive kommunikative Begleitung des Veränderungsprozesses. Er allein reicht jedoch nicht aus. Das Projektteam organisiert und managt das kontinuierliche Feedback aus den verschiedenen Workshops und sonstigen Veranstaltungen des Roll-outs. Dies sollte möglichst zeitnah erfolgen, damit die dabei gemachten Erfahrungen für die nachfolgenden Veranstaltungen genutzt werden können.

### Führungskräfte: Kommunizieren, um zu überzeugen

Die Glaubwürdigkeit des Kulturwandels hängt ganz entscheidend von den Führungskräften ab, vor allem wie sie sich verhalten, aber auch wie sie kommunizieren. Stellen sie sich prinzipiell hinter die Beschlüsse des Top-Managements oder solidarisieren sie sich beim geringsten Widerstand mit ihren Mitarbeitern („Die da oben haben das beschlossen. Ich verstehe es ja auch nicht, aber wir müssen es eben umsetzen!")? Zeigen sie Verständnis für Konflikte und Ungereimtheiten, die es mit Sicherheit geben wird, verteidigen aber grundsätzlich das Grundanliegen des Kulturwandels? Wie offen und konstruktiv gehen sie mit Fehlern (auch den eigenen) um? Wie stark unterstützten sie den Dialog über die richtigen Maßnahmen, ohne die prinzipielle Stoßrichtung in Frage zu stellen?

Oberstes Ziel der Kommunikation muss es sein, dass die Führungskräfte auf allen Ebenen einheitliche Botschaften bezüglich des Kulturwandels übermitteln und dadurch auch die Entschlossenheit zur Umsetzung des Projektes zum Ausdruck bringen. Ohne Frage verkörpern die Führungskräfte die wichtigste kommunikative Schnittstelle im betrieblichen Alltag, da sie vor Ort und zeitnah auf Fragen eingehen oder Probleme adressieren können. Wenn sie sicherlich auch nicht alle Probleme lösen können, so besteht doch die Möglichkeit, für Verständnis und (unter Umständen) auch Geduld zu werben.

### Das Top-Management: Oberster Botschafter der Veränderung

Während die Hauptaufgabe des mittleren Managements in der „alltäglichen" Überzeugungsarbeit für die neue Kultur liegt, sind die primären Aufgaben des Top-Managements:

- Die Kernbotschaften immer wieder vermitteln und beharrlich für den Kulturwandel werben

- Als oberste Repräsentanten den Kulturwandel sichtbar vorzuleben

- Auf „Tuchfühlung" mit der Organisation bleiben und verfügbar sein (auch wenn es schwierig ist)

- Dem Kulturwandel erkennbar eine hohe Priorität einräumen

Es liegt in der Natur der Sache, dass sich das Top-Management nur sehr bedingt im Alltag um den Kulturwandel kümmern kann. Gerade deshalb sollte es sich der enormen Symbolwirkung bewusst sein, die sein Verhalten für die gesamte Organisation besitzt, die Unstimmigkeiten oder gar Widersprüche im Verhalten und in der Kommunikation sorgfältig registriert.

## Checkliste Kommunikation

**! Worauf man achten muss**
- Zielgruppen- und phasenspezifische Kommunikation
- Bewusstsein/Sensibilität für die Informationsbedürfnisse der Organisation
- Top-Management als obersten Sponsor des Projektes einbinden
- Kontinuierlich kommunizieren, um Unsicherheiten zu reduzieren

**✗ Was man vermeiden sollte**
- Mangelnde Sensibilität für erhöhten Kommunikationsbedarf und spezifische Kommunikationsanforderungen während des Wandels
- Übertreibungen, Werbetexte, Falschinformationen
- Befeuern von „Flurfunk" durch mangelnde Information

**◯ Organisatorisches**
- Abgestimmter Kommunikationsplan
- Nutzung unterschiedlicher Kommunikationstools (z. B. Newsletter, Chats, Intranet, Meetings)
- Einrichtung von Dialogforen (Mitarbeiter/Führungskräfte) und regelmäßigen Feedbackschleifen über den Projektfortgang

# 11 Zusammenfassung und Ausblick

Die in den letzten Jahren zu beobachtenden Entwicklungen wie eine verschärfte Wettbewerbssituation, eine zunehmende Virtualisierung von Geschäftsbeziehungen und -prozessen sowie gestiegene gesellschaftliche Anforderungen in Bezug auf Gleichberechtigung, soziales und ökologisches Engagement, um nur ein paar zu nennen, werden auch in den kommenden Jahren nicht an Dynamik einbüßen. Im Gegenteil, es ist eher zu erwarten, dass sich der aktuelle Trend der weiteren Vernetzung sowie das generelle Veränderungstempo – nicht allein im europäischen, sondern auch im globalen Maßstab – weiter verstärken werden.

Damit Unternehmen auf diese Herausforderungen besser reagieren können, bedarf es der Flexibilität, Offenheit und kürzerer Reaktionszeiten. Eine Optimierung interner (organisatorischer) Strukturen und Prozesse kann dafür die Voraussetzungen schaffen. Auch die dramatischen Fortschritte in der Informations- und Kommunikationstechnologie ermöglichen eine effektivere Bearbeitung komplexer Zusammenhänge. Doch der entscheidende Hebel, um angemessen auf den Veränderungsdruck zu reagieren, ist die Unternehmenskultur. Es wird also entscheidend darauf ankommen, eine Unternehmenskultur bewusst zu fördern, die die erforderliche Flexibilität und Anpassungsfähigkeit bietet, mit diesen Entwicklungen Schritt zu halten.

Je besser es in einem Unternehmen gelingt, sensibel (und schnell) auf Veränderungen in ihren Märkten und bei ihren Kunden einzugehen, je effektiver das im Unternehmen existierende Know-how als Ressource genutzt wird, je intensiver zu diesem Zweck Netzwerke sowohl im Unternehmen selbst als auch nach draußen gepflegt werden (jenseits etablierter Arbeits- und Denkprozesse), und je besser schließlich die gesamte Organisation auf abgestimmte Ziele ausgerichtet wird, desto eher wird es Unternehmen gelingen, mit den vielfältigen Anforderungen kompetent umzugehen.

Doch wie diese Flexibilität, Offenheit und Motivation erzeugen (wenn diese Voraussetzungen noch nicht existieren)? Wir haben verdeutlicht, dass es sich hierbei um einen Lernprozess handelt, der von der gesamten Organisation mitgetragen und umgesetzt werden muss. Und gerade weil diese Veränderungen nicht auf der rein praktischen und technischen Ebene bleiben, sondern Verhaltensweisen und Denkmuster in Frage stellen, handelt es sich um eine anspruchsvolle Aufgabe.

Ein Kulturwandel im Unternehmen erfolgt nicht über Nacht. Er erfordert Zeit, Ressourcen und Entschlossenheit. Nicht immer ist gleich eine Radikalkur erforderlich. Sie ist eher die Ausnahme. Oft genügt es bereits, die richtigen „Stellschrauben" (sprich Einstellungen und Verhalten) zu identifizieren, die verändert werden müssen, um den gewünschten Effekt zu erzielen.

Für das Managen eines Kulturveränderungsprozesses stehen in der Praxis bewährte Prozesse und Instrumentarien zur Verfügung. Sie ermöglichen es, die effektivsten Ansatzpunkte für einen Kulturwandel zu identifizieren und geeignete Maßnahmen auszuwählen, die dann mit Nachdruck (und Erfolg) realisiert werden können. Ein reichhaltiges Methodeninstrumentarium, ein klarer Prozess und genau zu definierende Aufgaben sollten auch den letzten Skeptiker optimistisch stimmen, dass ein Kulturwandel gezielt herbeigeführt werden kann.

Unser Schwerpunkt lag insbesondere auf der Rolle der Führungskräfte, denen in diesem Lernprozess eine zentrale Rolle zukommt. Sie sind der entscheidende Hebel, um neues Gedankengut zu verbreiten und mit Leben zu erfüllen. Das ist keine Geringschätzung der restlichen Belegschaft, ohne deren Engagement alle Bemühungen um Veränderungen zum Scheitern verurteilt sind oder doch wenigstens weit hinter den Möglichkeiten zurückbleiben. Aber es sind die Führungskräfte, von denen die entscheidenden Veränderungsimpulse ausgehen müssen.

Letzten Endes ist es das Verhalten aller Beschäftigten, das ein Unternehmen voranbringt oder zur Stagnation beiträgt. Auch wenn über vorgegebene Organisationsabläufe und Regeln das Verhalten im Unternehmen gesteuert werden kann: Wirksamer ist, wenn die erwünschten Verhaltensweisen internalisiert werden und aus Überzeugung „richtig gehandelt wird". Auch wenn der Weg dorthin schwierig ist, die Mühe lohnt sich!

Die in diesem Buch angestellten Überlegungen helfen, das Bewusstsein für die Bedeutung einer adaptiven Unternehmenskultur als einem „harten Faktor" des langfristigen Unternehmenserfolges zu schärfen. Gleichzeitig werden auch die speziellen Anforderungen des kulturellen Change Managements an Führungskräfte erkennbar.

Effektive Veränderungsprozesse müssen auf die konkrete Situation eines Unternehmens zugeschnitten sein. Der von uns entwickelte und vielfach erprobte Prozess (mit allen praktischen Details) kann als Startpunkt für die Entwicklung eines maßgeschneiderten Vorgehens dienen.

Doch ein noch so akribisch geplanter Prozess kann den Erfolg einer Kulturveränderung nicht gewährleisten, wenn es am Willen der Beteiligten zur Veränderung mangelt. Dies setzt ein gerüttelt Maß an Mut und Entschlossenheit voraus. Wenn es uns gelungen sein sollte, Führungskräften und all jenen, die mit grundlegenden Veränderungen befasst sind, die Sicherheit zu geben, diesen Schritt zu wagen und sich bewusst auf das Abenteuer Kulturwandel einzulassen, dann haben wir unser wichtigstes Anliegen erreicht.

# 12 Anhang

## 12.1 Anforderungen an eine leistungsfähige Unternehmenskultur

Unternehmenskulturen werden in kleinen Schritten verändert. In möglichst vielen kleinen Schritten und mit viel Beharrlichkeit. Schnelle Erfolge sind wichtig, aber wer ganz auf kurzfristige Erfolge setzt, wird bald frustriert sein.

Dass den Führungskräften eine wesentliche, wenn nicht die entscheidende Rolle zukommt, versteht sich von selbst. Es kommt dabei jedoch weniger auf die großen Zukunftsperspektiven und wohltönenden Versprechungen an als vielmehr auf die kleinteilige Kärrnerarbeit im Alltag.

Um eine anpassungsfähige Unternehmenskultur – und das ist das entscheidende Kriterium – zu fördern, bedarf es vieler konkreter Einzelmaßnahmen, die über den begrenzten Rahmen eines Kulturwandelprojektes hinausgehen. Wir haben im Folgenden einige Beispiele aufgeführt, wie speziell die vier Bausteine einer adaptiven Unternehmenskultur (siehe Kap. 2.2.)

- Sensibilität für das Unternehmensumfeld,
- Diversität,
- Interne und externe Netzwerke bilden,
- Ausrichtung auf gemeinsame Ziele und Standards

in der Praxis gefördert und entwickelt werden können.

### Sensibilität für das Unternehmensumfeld

Die Sensibilität im Unternehmen dafür, was „sich draußen" beim Kunden, den Endverbrauchern, Wettbewerbern und Lieferanten abspielt, ist zuerst eine Folge des Selbstverständnisses. Verstehe ich mich in erster Linie als Verkäufer meiner Produkte oder positioniere ich mich als Problemlöser? Nehme ich Veränderungen im Markt überhaupt zur Kenntnis (und reagiere darauf) oder arbeite ich „selbstverliebt" an meinen Lieblingsprojekten und verliere dabei zunehmend die Vermarktungschancen aus dem Auge? Eine nachhaltige Sensibilisierung kann nur geleistet werden, indem das Selbstverständnis immer wieder auf den Prüfstand kommt.

Darüber hinaus existiert eine Reihe praktischer Maßnahmen, um notwendige Einstellungsänderungen zu unterstützen.

- Systematisches Managen der Kundenkontakte. Es gibt eine Klassifikation der Kunden (z. B. nach Umsatz, strategischer Bedeutung), die sowohl die Qualität als auch die Intensität der Kundenbetreuung steuert. Man widmet sich nicht allen Kunden mit der gleichen Intensität. Mit welchen Kunden gibt es regelmäßig Kontakt? Wie verlaufen die Gespräche? Wie aufgeschlossen ist man gegenüber Kundenbedürfnissen, die sich nicht einfach durch das Standardleistungsangebot abdecken lassen?

- Interne Weitergabe der Kundeninformationen: Wie effektiv ist die Zusammenarbeit zwischen all jenen Bereichen des Unternehmens, die unmittelbar an der Kundenfront agieren und anderen Funktionseinheiten wie Marketing, Forschung & Entwicklung (F&E), Produktion? Gibt es einen Informationsaustausch, der bewusst vom Unternehmen erwartet und unterstützt wird?

- Trainingsmaßnahmen für die Verkaufsmannschaft zur Erweiterung des Kundenverständnisses

- Zielvereinbarungen zum Kundenmanagement: Festlegung qualitativer und quantitativer Ziele

- Regelmäßige Kundenbefragungen, die Aufschluss über Bedürfnisse und Zufriedenheit der Kunden mit dem aktuellen Produkt- und Leistungsangebot liefern

- Veranstaltungen mit Kunden: z. B. Customer Days, die dem wechselseitigen Informationsaustausch und der Kontaktpflege dienen

## Diversität

Dem Thema Diversity wird seit einigen Jahren in deutschen Unternehmen größere Aufmerksamkeit geschenkt, nachdem es bereits seit Langem, vornehmlich in den USA, ein Thema von eminenter Bedeutung ist. Im Zentrum des Interesses stehen Aspekte der Chancengleichheit hinsichtlich diverser Merkmale wie Geschlecht, Ethnie, Alter, Behinderung, sexuelle Identität oder Religion. Wir verwenden den Begriff in einem umfassenderen Sinne. Uns geht es neben den genannten Merkmalen vornehmlich um die Nutzung der vielfältigen Fähigkeiten, Erfahrungen, die bei einer heterogenen Belegschaft in hohem Maße vorhanden sind, aber vielfach unzureichend genutzt werden.

Auffallend ist, wie oft im Unternehmen selbst wenig darüber bekannt ist, was in anderen Abteilungen oder Bereichen an Wissen und Erfahrung existiert, obgleich es durchaus auch für andere Bereiche relevant wäre.

Effektives Wissensmanagement kann heute auf eine breite Palette bewährter Instrumente zurückgreifen. Wir können an dieser Stelle keine systematische Bestandsaufnahme aller verfügbaren Tools vornehmen, wollen aber auf einige wichtige Aspekte aufmerksam machen.

- Von herausragender Bedeutung ist auch hier die Einstellungsänderung: Das Wissen in anderen Unternehmensbereichen wird potenziell als Bereicherung verstanden und genutzt (statt es rundweg zu ignorieren).

- Allein die effektivere Nutzung des vorhandenen Wissens (Knowledge Management) schafft zusätzliche Ressourcen. In diesen Bereich gehört auch die Einrichtung von zenralen Datenbanken mit entsprechenden Zugangsmöglichkeiten für alle Beteiligten.

## Interne und externe Netzwerke bilden (Networking)

Es gibt mehrere Möglichkeiten, Netzwerke zu bilden bzw. zu unterhalten.

### Interne Netzwerke

- Informelle Treffen (Kaffeezonen, gemeinsame Mittagessen, monatliche Veranstaltungen mit Kollegen/innen innerhalb der Abteilung) organisieren
- Bereichsübergreifende Meetings, beispielsweise auf regionaler Ebene veranstalten mit dem primären Ziel, den offenen Austausch über neue Entwicklungen, Trends, Meinungen etc. zu ermöglichen
- Multifunktionale Projektteams aufsetzen (bewusste Einbindung unterschiedlicher Kompetenzen)
- Mitarbeiter zur Netzwerkbildung ermutigen
- Effektive „Netzwerker" belohnen (Anreize bieten)
- Interne Mentoring-Programme speziell für junge Mitarbeiter einrichten (Nachwuchsnetzwerke)
- Jobrotation gezielt zur Förderung der bereichsübergreifenden Zusammenarbeit einsetzen

### Externe Netzwerke

- Kontakte zu Verbänden, Forschungseinrichtungen und Expertengruppen in interessierten Unternehmen aktiv entwickeln und pflegen
- Regelmäßige Kontakte (Erfahrungsaustausch) etablieren, indem externe Experten zu spezifischen Fragestellungen in interne Beratungsprozesse integriert werden
- Gemeinsame „Think Tanks" bilden: Experten von Kunden- und Unternehmensseite treffen sich zu einem regelmäßigen Informations- und Erfahrungsaustausch, um das kombinierte Know-how zur Lösung neuer Probleme zu nutzen

## Ausrichtung auf gemeinsame Ziele und Standards (Alignment)

Die vorausgegangenen Bausteine entwickeln ihre volle Kraft nur, wenn es gelingt, die unterschiedlichen Aktivitäten auf gemeinsame Unternehmensziele hin zu bündeln.

### Mögliche Maßnahmen und Instrumente

- „One vision": Entwicklung einer gemeinsamen Unternehmensvision/Mission
- Einheitliche Verhaltensleitlinien im Unternehmen kommunizieren und ihre Umsetzung sicherstellen

- „Walk the talk": Glaubwürdigkeit und Berechenbarkeit im Verhalten der Führungskräfte und Mitarbeiter beachten
- Verlässlichkeit, dass gemachte Zusagen (Commitments) auch eingehalten werden
- Ein strategisches Managementsystem etablieren (z. B. die Balanced Scorecard), das gewährleistet, dass es zu einem systematischen Ziel- und Strategieabgleich im Unternehmen kommt

## 12.2 Externe Unterstützung des Kulturwandels

Wie in Kapitel 5 dargelegt, kann es sinnvoll und notwendig sein, sich externe Unterstützung für den Kulturwandel einzuholen. Die wichtigsten Prozessschritte sowie die erforderlichen Materialien für eine Auswahl anhand objektiver Qualitäts- und Prozesskriterien sind in den folgenden Abbildungen dargestellt.

### a) Briefing-Dokument

Das Briefing-Dokument enthält aus der Sicht des Auftraggebers alle erforderlichen Informationen zu dem geplanten Veränderungsprojekt (hier am Beispiel der Kundenzufriedenheit exemplifiziert). Dieses Dokument bildet die Grundlage für ein detailliertes Gespräch mit dem potenziellen Anbieter. Die folgende Beispielpräsentation bietet hierbei einen Überblick über die möglichen Inhalte des Briefing-Dokuments.

**Unternehmen XYZ**
# Projekt Kundenzufriedenheit und Servicekultur
**Briefing Dokument**

## Inhalte

1. Unternehmensvorstellung
2. Gründe der Kulturveränderung
3. Ziele der Kulturveränderung
4. Projektumfang
5. Projekt Organisation
6. Projekt Phasen
7. Anforderungen an das Beratungsunternehmen
8. Zeitplan

## 1. Unternehmensvorstellung

- Kerngeschäft der Firma XYZ
- Umsatzvolumen
- Mitarbeiter
- Struktur
- Kundenstruktur
- Weitere wichtige Informationen z. B. Standorte, Produkte, Orgachart

## 2. Gründe für die Kulturveränderung

Detaillierte Darstellung der Ausgangssituation und der wichtigsten Gründe für die Veränderung z. B.:

- Schlechtes Feedback aus dem Markt im Hinblick auf unsere momentane Kundebetreuung.

- Strukturelle Anpassung der Vertriebsstrukturen machen eine neue Herangehensweise an Kunden notwendig

- Bisheriger Fokus der Kundenbeziehung auf Produkten weniger auf persönlicher Beziehungen (wird jedoch in Zukunft wesentlich!)

## 3. Ziele der Kulturveränderung

- Auflistung der intern diskutierten avisierten Ziele z. B.
- Stärkung der Kundenbeziehungen (bessere Bewertung)
- Stärkung des Zusammenarbeit zwischen Vertrieb und zentralen Einheiten (Reduktion Silodenken)
- Verankerung des Servicegedanken in der gesamten Organisation

## 4. Projektumfang

- Im Projekt enthalten
  - Abteilungen und Bereiche, die betroffen sind
  - Regionen
  - Zahl der „betroffenen" Mitarbeiter

- Außerhalb des Projektfokus:
  - Nicht betroffene Teile des Unternehmens bzw. mögliche Projektziele, die bewusst nicht angegangen werden sollten.

## 5. Projektorganisation

**Rollen und Verantwortlichkeiten**
Auflistung der bisherigen Überlegungen zur internen Struktur

- Steering Committee:   Dr. Frost, Michals, Thomsen, Martens, Molkarts

- Internal Project Leader:   Dr. Changowski

- Externer Support:   Planung und Durchführung des Prozesses

## 6. Projektphasen

**Erste Vorstellungen zum Ablauf des Projektes z. B.**

- Management-Team-Diskussion über Ziele und Notwendigkeit der Veränderung sowie mögliche Schwierigkeiten bei der Implementation.
- Interviews mit internen Stakeholdern über die neue Kultur
- Entwicklung der „neuen" Kultur und Planung des Roll-out
- Implementation

## 7. Anforderungen an das Beratungsunternehmen

**Anforderungsprofil an die externen Anbieter**

- Aufgabenbeschreibung
  - Analyse
  - Planung
  - Implementation
- Sicherstellung der Nachhaltigkeit
- Begrenzung des Mandats

Externe Unterstützung des Kulturwandels

## 8. Zeitplan

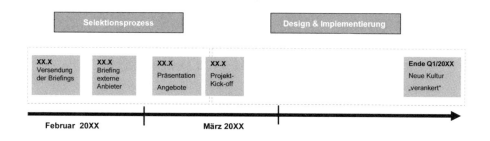

### b) Pitching-Dokument

In Vorbereitung einer Wettbewerbspräsentation entwickelt das Beratungsunternehmen ein detailliertes Angebot für den Auftraggeber. Als Grundlage dienten sowohl das Briefing-Dokument als auch ein vorangegangenes Arbeitsgespräch mit dem Auftraggeber.

Die formalen und inhaltlichen Vorgaben zur Wettbewerbspräsentation sind unbedingt von der Beratungsgesellschaft einzuhalten, um die spätere Vergleichbarkeit der Angebote zu ermöglichen.

# Unternehmen XYZ
# Projekt Kundenzufriedenheit und Servicekultur

## Vorlage für die Präsentation

## Einleitung

**Sinn der Präsentationsvorlage:**
- Sicherstellung der Vergleichbarkeit der unterschiedlichen Vorschläge und Herangehensweisen
- Schaffung einer einheitlichen Entscheidungsgrundlage

**Zeitpan für Präsentation und Diskussion:**
- 45 min     Präsentation des Anbieters
- 15 min     Diskussion der Steuerungsgruppe über zentrale Fragen für die anschließende Diskussion
- 30 min     Diskussion zwischen Anbieter und Steuerungsgruppe

- Anzahl der (inhaltlichen) Folien: 30

## Übersicht

A) Kernaussage
B) Methodologie Kulturwandel:
 - Beschreibung ihrer Expertise
 - Beschreibung vergleichbarer Projekte und Ergebnisse
 - Beschreibung ihrer Herangehensweise im vorliegenden Fall
 - Projektablauf/Zeitplan
 - Ihr Team
 - Erwartungen/Bedarf interner Support
C) Kostenübersicht:
 - Projektkosten
 - Zahlungsmodalitäten
D) Zusammenfassung
 - Wieso sollten wir Sie auswählen?

## A) Kernaussage

**Was werden wir leisten/zum erfolgreichen Kulturwandel beitragen?**

## B) Beschreibung Ihrer Expertise

- Legen Sie kurz Ihre Expertise im Bereich Kulturwandel dar

## B) Beschreibung vergleichbarer Projekte und Ergebnisse

- Vergleichbare Projekte beziehen sich auf Firmen/Größe/Branche
- Ausgangssituation/Ziele des Projekts
- Angewendete Methode/Ansatz
- Zeitbedarf/Projektdauer/Benötigte Ressourcen
- Erreichte Ziele

## B) Beschreibung Ihrer Herangehensweise im vorliegenden Fall

- Grundlegende Herangehensweise/Methoden
- Erfolgsfaktoren/Barrieren/Weitere Aspekte
- Erfolgskriterien/Woran kann der Erfolg gemessen werden?
- Ansatz Implementation
- Sicherstellung des effektiven Wissenstransfers
- Projektmanagement
- Zeitplan (inklusive wichtiger Haltepunkte/Meilensteine)
- Organisation der Projektkommunikation (Zeitlicher Ablauf/ Methoden/Verantwortlichkeiten)

## B) Ihr Team

(inklusive: Beraterteam & Projektmanagement)

| Teammitglied | Ebene | Rolle | Erfahrung | Erfahrungen in ähnlichen Projekten (Firmennamen) | Besondere Fähigkeiten/Sprachen |
|---|---|---|---|---|---|
| | | | | | |
| | | | | | |
| | | | | | |
| | | | | | |

## B) Erwartungen/Bedarf interner Support

| Rolle | Geschätzter Zeitbedarf in Prozent | Anforderungen |
|---|---|---|
|  |  |  |
|  |  |  |
|  |  |  |
|  |  |  |
|  |  |  |
|  |  |  |
|  |  |  |
|  |  |  |

## C) Projektkosten

| | |
|---|---|
| Teamgröße<br>- permanent<br>- zeitlich begrenzt |  |
| Anzahl der berechneten Tage (alle Berater) |  |
| Durschnittlicher Tagessatz |  |
| Gesonderte Ausgaben (z. B. Reisekosten, Hotel, Administration) auf Jahresbasis (z. B. 2010, 2011) |  |
| Gesamtkosten in Mio. € auf Jahresbasis |  |

## C) Zahlungsmodalitäten

- Darstellung der Kostenmodelle (fix/leistungsbezogen)

- Vetragsbedingungen

## D) Zusammenfassung

- **Wieso sollten wir Sie für das vorliegende Projekt auswählen?**

## 12.3 Phase 2 – Analyse: Bestimmung des Status quo

### a) Kategorien der Kontextanalyse

- Vision, Mission, Unternehmenswerte, Leitlinien und Prinzipien
- Strategische Ziele und Maßnahmen zu ihrer Umsetzung
- Erfolgsfaktoren des Unternehmens
- Führungsverhalten auf allen Ebenen
- Organisationsstrukturen und -prozesse
- Grundlegende Einstellungen/Annahmen im Unternehmen
- Verhaltensweisen am Arbeitsplatz
- Kommunikationsverhalten/-stile im Unternehmen
- Leistungsbewertung und Anreizsysteme
- Stilmerkmale (z. B. Kleiderordnung, Anrede)
- Räumliche Gestaltung
- Symbole, Artefakte

### b) Analyse der Unternehmenskultur

**Themenkatalog für Persönliche Interviews/Telefonische Interviews**

Entsprechend den Kategorien wird im Folgenden *exemplarisch* der Aufbau eines Themenkatalogs für persönliche Interviews dargestellt. Die allgemein gehaltenen Inhalte müssen den jeweiligen Besonderheiten der Befragungssituation angepasst werden.

1. Einleitung: Fragen zur Person
   - *Was ist Ihre Aufgabe innerhalb XXX?*
   - *Was ist Ihr beruflicher Hintergrund?*
   - *Wie lange sind Sie schon im Unternehmen?*

2. Vision, Mission, Leitlinien
   - *Was ist die Unternehmensvision?*
   - *Was sind die zentralen Unternehmenswerte und welche Bedeutung haben diese Werte in der täglichen Arbeit?*
   - *Welche Leitlinien gibt es und wie relevant sind sie im Alltag?*
   - *Welche Werte sind aus Ihrer Sicht essenziell, werden jedoch nicht gelebt?*

3. Strategische Ziele und Maßnahmen
   - *Welches sind die wichtigsten strategischen Ziele Ihres Unternehmens/für Ihren Bereich?*
   - *Was in der Unternehmenskultur unterstützt bzw. behindert die Umsetzung der strategischen Ziele?*

4. Erfolgsfaktoren

    - *Was sind die zentralen Erfolgsfaktoren in Ihrem Markt/Geschäft?*
    - *Was macht aus Ihrer Sicht den Erfolg von Unternehmen XXX aus?*
    - *Was schätzen Ihre Kunden besonders an XXX? Was hätten sie gerne anders?*
    - *Für welche Themen werden in XXX Kennzahlen verwendet (was wird gemessen)?*
    - *Wie wird Erfolg in XXX definiert?*

5. Führungsverhalten auf allen Ebenen

    - *Was heißt Führen in XXX?*
    - *Wie wird Führung auf unterschiedlichen Ebenen erlebt und praktiziert?*
    - *Was zeichnet den oder die Führungsstile innerhalb von XXX aus?*
    - *Was sollte sich aus Ihrer Sicht ändern?*

6. Organisationsstrukturen und Prozesse

    - *Was sind die wichtigsten Merkmale des Organisationsaufbaus/des Organisationsmodells von XXX?*
    - *Welche Organisationsprinzipien und Erwartungen stehen dahinter?*
    - *Welche Vor- und Nachteile bietet das aktuelle Organisationsmodell?*
    - *Was sind die typischen Einstellungen und Verhaltensweisen zu dem Organisationsmodell?*

7. Grundlegende Einstellungen und Annahmen

    - *Was ist im Unternehmen zulässig, was nicht?*
    - *Welches sind die Grundeinstellungen, die die Zusammenarbeit im Unternehmen charakterisierten?*
    - *Welche Bedeutung hat die funktionsübergreifende Zusammenarbeit? Wie sehr wird sie gefördert/behindert?*
    - *Gibt es ein effektives Know-how-Management im Unternehmen? Wenn nein, woran scheitert es?*

8. Verhaltensweisen am Arbeitsplatz

    - *Was sind aus Ihrer Sicht typische Verhaltensweisen im Unternehmen?*
    - *Welche Verhaltensweisen der Mitarbeiter unterstützen den Unternehmenserfolg?*
    - *Welche Verhaltensweisen schaden dem Unternehmenserfolg?*

9. Mitarbeiterführungs- und Anreizsysteme

    - *Welche Einstellungen und Verhaltensweisen werden gezielt gefördert?*
    - *Welche „role models" gibt es im Unternehmen?*
    - *Welche Verhalten werden sanktioniert, in welcher Form?*

10. Verständnis von Innovation

    - *Welchen Stellenwert besitzen Innovation und Kreativität im Unternehmen?*
    - *Was fördert die Innovation/Kreativität? Was behindert sie?*

11. Stilmerkmale (z. B. Kleiderordnung, Anrede)

- *Wie sieht die typische Kleiderordnung aus?*
- *Was ist zulässig, nicht zulässig?*
- *Welche Umgangsformen dominieren, sind unternehmensweit erwünscht?*

12. Räumliche Gestaltung

- *Inwieweit sind Gebäude, architektonische Besonderheiten Ausdruck der Unternehmenskultur?*

13. Symbole & Artefakte

- *Was sind wichtige Symbole im Unternehmen?*

## c) Einladung zu persönlichen Gesprächen/Fokusgruppen

Die persönlichen Interviews bzw. Fokusgruppen sollten innerhalb eines kurzen, zusammenhängenden Zeitraums (z. B. zwei bis vier Wochen) stattfinden und im Vorfeld durch die Geschäftsleitung/das Top-Management angekündigt werden.

Im Ankündigungsschreiben werden die Projektziele, die Vorgehensweise sowie die beabsichtigte Verwendung der Information beschrieben. Ein solches Schreiben kann folgendermaßen aussehen:

*Wie Ihnen bekannt ist, hat die Geschäftsleitung kürzlich das Projekt (Projektname) zur Verbesserung unserer Unternehmenskultur gestartet. Wir bitten Sie, sich für ein persönliches Interview/eine Fokusgruppe zur Verfügung zu stellen. Dazu werden Sie in den nächsten Tage von (....) zur weiteren Terminabsprache kontaktiert. Die Dauer des Interviews/der Fokusgruppe liegt bei max. 1,5 Stunden. Alle Informationen werden selbstverständlich vertraulich behandelt. Wir bitten Sie, sich offen und engagiert an dieser Befragung zu beteiligen. Die Ergebnisse aus allen Interviews/den Fokusgruppen werden in anonymisierter Form nach Abschluss der Studie im Unternehmen veröffentlicht.*

## d) Konzeption und Durchführung von Fokusgruppen

### Moderation der Fokusgruppen/Datenerfassung

Eine effiziente Erfassung der Gesprächsinhalte ist möglich, indem parallel mit zwei Moderatoren gearbeitet wird. Der eine Moderator leitet die Diskussion und konzentriert sich ausschließlich auf die Steuerung des Gesprächsverlaufs. Der zweite Moderator hält unterdessen die wichtigsten Gesprächsinhalte fest (am besten auf Flipchart). Die Visualisierung des Gesprächsverlaufs unterstützt die systematische Gesprächsführung. Noch wichtiger ist jedoch der Aspekt, dass am Ende die Inhalte mit der Gruppe nochmals kurz rekapituliert und auf Vollständigkeit und korrekte Widergabe der Diskussion geprüft werden. Auf diese Weise wird sichergestellt, dass alle erfassten Inhalte und Themen auch tatsächlich der Einschätzung der Diskussionsteilnehmer entsprechen.

Das abschließende Ergebnisprotokoll sollte von mindestens einem Diskussionsteilnehmer gegengelesen und auf Richtigkeit und Vollständigkeit überprüft werden.

Wir haben im Folgenden wiederum *beispielhaft* einen Themenkatalog für die Durchführung einer Fokusgruppe erstellt. Die genaue Festlegung der Inhalte erfolgt vor dem Hintergrund der konkreten Befragungssituation.

**Themenkatalog Fokusgruppe**

1. Wahrnehmung der aktuellen Unternehmenskultur

    - *Hat Ihr Unternehmen eine Vision (ein Mission Statement)? Und wird sie gelebt? In welchen Bereichen gibt es die größten Diskrepanzen?*
    - *Wenn Sie an Ihre Unternehmenskultur denken, was sind die Stärken und Schwächen?*
    - *Wie sieht der typische Führungsstil im Unternehmen/ inIhrem Arbeitsbereich aus?*
    - *Welche Leistungen, Ereignisse, Personen haben die Kultur Ihres Unternehmens geprägt und sind wahrscheinlich auch in Zukunft von Bedeutung?*
    - *Welches sind die Schlüsselwerte Ihres Unternehmens und in welchem Maße werden diese Werte „gelebt"?*
    - *Wie würden Sie das Betriebsklima beschreiben?*
    - *Welches sind die gelebten „Spielregeln" für ein erfolgreiches Miteinander in Ihrem Unternehmen?*

2. Vorstellungen von der zukünftigen Unternehmenskultur

    - *Welche Werte möchten Sie im Unternehmen unbedingt erhalten?*
    - *Welche Einstellungen sollten stärker entwickelt werden?*
    - *Welche Verhaltensweisen sollten besonders gefördert werden?*
    - *Wie sähe für Sie der optimale Führungsstil aus?*
    - *In welchen Bereichen besteht der größte Veränderungsbedarfs und in welcher Hinsicht?*
    - *Welche Hindernisse oder Probleme erwarten Sie bei der Entwicklung einer neuen Unternehmenskultur?*
    - *Was müsste geschehen, um diese Probleme in den Griff zu bekommen?*

### e) Quantitative Befragung im Unternehmen

Unternehmensweite Befragungen anhand standardisierter Fragebögen werden heutzutage nahezu ausschließlich in elektronischer Form durchgeführt, da die meisten Mitarbeiter Zugriff auf Computer und Intranet haben. Sofern erforderlich, kann die Befragung auch in Papierform erfolgen. Unbedingt ist auf eine rechtzeitige Ankündigung sowie die Vertraulichkeit der Befragung und der Ergebnisverwendung zu achten.

**Standardisierter Fragebogen für die Analyse der Unternehmenskultur**

Im Folgenden sind einige Beispiele für mögliche Fragen und Themen aufgelistet, die an die jeweilige Unternehmenssituation angepasst werden müssten. Der quantitative Fragebogen orientiert sich grundlegend an den Inhalten des qualitativen Fragebogens, muss sich jedoch sinnvollerweise auf jene Bereiche konzentrieren, die überhaupt über Skalen erfasst werden können. Letztlich soll die quantitative Befragung die Möglichkeit bieten, über den Zeitverlauf Veränderungen messbar zu machen, daher dient eine standardisierte Befragung als Nullmessung für den Pulse Check.

Bitte verwenden Sie zur Beantwortung der Fragen folgende Antwortkategorien.

a. Stimme vollkommen zu
b. Stimme zu
c. Stimme eher zu
d. Stimmer eher nicht zu
e. Stimme nicht zu
f. Stimme überhaupt nicht zu

1. Vision, Mission, Werte
   - *Die Unternehmensvision von XXX ist mir bekannt.*
   - *Die Unternehmenswerte spielen eine wichtige Rolle in meiner täglichen Arbeit.*

2. Erfolgskriterien
   - *Finanzielle Kennzahlen sind die einzigen Erfolgskriterien, die im Unternehmen zählen.*
   - *Unabhängige Meinungen werden im Unternehmen respektiert.*

3. Strukturen und Prozesse
   - *Das Organisationsmodell unterstützt die bereichsübergreifende Zusammenarbeit.*
   - *Die Verantwortlichkeiten und Entscheidungskompetenzen sind klar definiert.*
   - *Unsere Arbeitsprozesse orientieren sich stark an den Bedürfnissen unserer Kunden.*

4. Führungsverhalten
   - *Ich habe Vertrauen in unser Management, uns erfolgreich durch den Veränderungsprozess zu führen.*
   - *Unser Top-Management/unsere Geschäftsleitung duldet keinen Widerspruch.*
   - *Mein Vorgesetzter ist an meiner Meinung interessiert.*
   - *Unsere Führungskräfte leben die Unternehmenswerte.*

5. Grundlegende Einstellungen und Annahmen
   - *Wir gehen offen und ehrlich mit Fehlern im Unternehmen um.*
   - *Delegation von Verantwortung findet in unserem Unternehmen nur begrenzt statt.*
   - *Einzelleistungen werden in unserem Unternehmen stärker gewürdigt als Teamleistungen.*
   - *Wenn ich Ideen für Verbesserungen einbringe, werden diese aufgenommen und umgesetzt.*

6. Verhaltensweisen am Arbeitsplatz
   - *Die bereichs- oder abteilungsübergreifende Zusammenarbeit wird erwartet.*
   - *Teamarbeit hat einen höheren Stellenwert als Einzelarbeit.*
   - *Mitarbeiter kommunizieren offen und ehrlich miteinander.*

7. Förderung von Innovation und Kreativität
   - *Die Entwicklung neuer Ideen und Vorschläge wird sehr gefördert.*

8. Stilmerkmale (z. B. Kleiderordnung, Anrede)

- *Umgang und Auftreten unseres Unternehmens ist eher förmlich.*
- *Auf das Einhalten von Hierarchien wird sehr viel Wert gelegt.*

## f) Management Review

Zum Abschluss der Analysephase (nach Vorlage des Kultur-Audit-Berichts) werden die Ergebnisse im Top-Management-Team diskutiert und Schlussfolgerungen gezogen. Für diese Grundsatzdiskussion, an deren Ende einige wichtige Entscheidungen über den weiteren Fortgang des Projektes stehen werden, sollte sich das Management-Team ausreichend Zeit (ein bis zwei Tage) nehmen, am besten in Form eines Off-Site-Meetings, um abseits der Alltagshektik und ungestört von Blackberries sich voll und ganz den Themen widmen zu können. (Sehr wahrscheinlich sind mehrere Sitzungen erforderlich.) Unter Umständen ist eine externe Moderation hilfreich.

### Ziele des Management Reviews

- Die Einigung im Top-Management-Team über die inhaltlichen Bausteine des neuen Kulturkonzepts (Vision, Leitlinien, Normen, erwartete Verhaltensweisen; Vorarbeiten dazu wurden vom Projektteam bzw. Stabsstellen geleistet)
- Eine prinzipielle Verständigung über die Umsetzungsphase (Dauer, wer soll einbezogen werden, evtl. max. Kostenrahmen)
- Verabschiedung einer Kommunikationsstrategie (Grobkonzept) für die Gesamtdauer des Projektes
- Rollenklärung innerhalb des Top-Management-Teams (wer zeichnet für das Projekt verantwortlich, welche Funktion übernehmen die anderen im Projekt?)

### Exemplarischer Ablauf Management Review Meeting (Off-Site)

- Gemeinsames Review und Diskussion der wesentlichen Kultur-Audit-Ergebnisse und Schlussfolgerungen (2 Stunden)
- Diskussion des Konzepts der neuen Unternehmenskultur (2 Stunden)
  - Welche Unternehmenswerte und Leitlinien bleiben erhalten, was wird verändert?
  - Welche Einstellungen und Verhaltensweisen brauchen wir verstärkt in Zukunft?
  - Welche (Kultur-)Themen stellen die größte Herausforderung für das Unternehmen dar?
- Diskussion des Roll-out-Konzepts (2 Stunden)
  - Welche Unternehmensteile sind betroffen?
  - Wie sieht die logistische Unterstützung des Projektes aus?
  - Wie können Beeinträchtigungen des Tagesgeschäftes auf das Notwendigste beschränkt werden?
  - Ziele und Dauer des Gesamtprojektes?

- Diskussion der Kommunikationsstrategie (1 Stunde)
    - Was sind die wichtigsten Kommunikationsziele?
    - Was ist die Aufgabe der Kommunikation?
- Rollenklärung im Top-Management (1 Stunde)
    - Welche Rolle spielt das Top-Management als Team?
    - Wer im Top-Management ist der Projekt Champion?
    - Nächste Schritte (30 Minuten)

## 12.4 Phase 3 – Konzeption der neuen Unternehmenskultur

### Der Reality Check des Konzepts

**Sounding Board**

Für den Reality Check ist als Einstieg ein zweitägiger Workshop geplant, bei dem alle wichtigen Konzepte vorgestellt und diskutiert werden. Die Kritikpunkte und Vorschläge fließen in die weitere Optimierung der Konzepte ein. Die Anzahl der Teilnehmer liegt bei 20 bis 50 Personen.

Der Workshop wird im Vorfeld eingehend vorbereitet: Alle bis dato erstellten Unterlagen waren an alle Teilnehmer zehn Arbeitstage vor dem Workshop verschickt worden. Die Teilnehmer erhielten zur Vorbereitung außerdem eine Liste mit detaillierten Fragen zu den einzelnen Workshopschwerpunkten:

- Kultur Konzept
- Rolle der Führungskraft
- Kommunikationsplan
- Toolbox
- Roll-out

**Ziel des Kick-Off-Workshops**

- Persönliches Kennenlernen der Teilnehmer (falls notwendig)
- Gemeinsame Diskussion und Optimierung der bisherigen Überlegungen zu den Schwerpunktthemen
- Vereinbarung konkreter Arbeitspakete

**Tag 1: Gemeinsame Diskussion der neuen Kultur (ganzer Tag)**

- Begrüßung der Teilnehmer (15 Minuten)
  - Präsentation der Agenda/Workshopziele
- Evtl. Vorstellungsrunde (Warming-up) (30 Minuten)
- Update zum Kulturwandel Prozess (15 Minuten)
- Präsentation „Kultur-Audit" (1 Stunde)
  - Darstellung der Ergebnisse und Schlussfolgerungen
  - Kleingruppenarbeit zum Kultur-Audit (1 Stunde)
    - Stimmigkeit der Analyse
    - Akzeptanz der Schlussfolgerungen
    - Vorschläge/Ideen zu den Schlussfolgerungen
- Präsentation der Kleingruppenarbeit und Diskussion (1 Stunde)
- Mittagessen (1 Stunde)
- Präsentation der „neuen" Kultur (45 Minuten)
- Kleingruppenarbeit zur „neuen" Kultur (1,5 Stunden)
  - Kleingruppen erarbeiten basierend auf der vorgestellten „neuen" Kultur Vorschläge zu folgenden Fragen:
    - Welche der (neuen) Werte sollten im Vordergrund der neuen Kultur stehen?
    - Welche Verhaltensweisen brauchen wir, um die Werte zu verwirklichen? Wie sehen diese konkret aus?
    - Was könnte uns daran hindern, diese neuen Werte zu leben?
    - Wie tragen die erwünschten Verhaltensweisen zur Wertschöpfung des Unternehmens bei?
- Pause (15 Minuten)
- Präsentation der Ergebnisse der Gruppenarbeit und Diskussion (1,5 Stunden)
- Zusammenfassung des ersten Tages und Abgleich der Erwartungen (30 Minuten)

**Tag 2: Umsetzung der Veränderung/Roll-out-Konzept (ganzer Tag)**

- Ergebnisse des ersten Tages und Agenda für Tag 2 (15 Minuten)
- Präsentation des Roll-out-Konzepts (45 Minuten)
  - Vorstellung der wesentlichen Prozessschritte und Rollenverteilung während des Roll-outs
  - Kurzes Feedback und Klärung offener Fragen

- Gruppenarbeit „Roll-out" (45 Minuten)
    - Kleingruppen erarbeiten basierend auf dem vorgestellten „Roll-out" Prozess Vorschläge zu folgenden Fragen:
        - Was sind die Erfolgsfaktoren für den Roll-out?
        - Was sollten auf jeden Fall / auf keinen Fall getan werden?
        - Wie kann der Roll-out am effektivsten in das Tagesgeschäft integriert werden?
- Pause (15 Minuten)
- Präsentation der Gruppenarbeit (45 Minuten)
- Präsentation „Die Rolle der Führungskraft im Roll-out" (30 Minuten)
    - Detaillierte Darstellung der Rolle der Führungskraft im Prozess
- Gruppenarbeit „Die Rolle der Führungskraft" (45 Minuten)
    - Kleingruppen diskutieren die Rollenerwartungen unter Berücksichtigung folgender Fragen:
        - Welche Unterstützung benötigen die Führungskräfte im Roll-out-Prozess?
        - Welchen Beitrag kann die Change Community zum Roll-out leisten?
- Mittagessen (1 Stunde)
- Präsentation der Gruppenarbeit (45 Minuten)
- Präsentation „Kommunikationsplan" (15 Minuten)
- Kleingruppenarbeit Diskussion des Kommunikationsplans (45 Minuten)
    - Offene Fragen und weiterer Bedarf aus Sicht der Gruppe
- Präsentation der Ergebnisse/Planung nächster Schritte (30 Minuten)
- Pause (15 Minuten)
- Präsentation „Toolbox" (1 Stunde)
    - Darstellung einzelner Methoden und Instrumente
    - Diskussion der Ideen bzw. Anregungen aus dem Plenum
- Nächste Schritte z. B. (30 Minuten)
    - Was passiert mit dem Feedback?
    - Wie werden die Mitglieder der Change Community involviert?
- Abschluss der Veranstaltung/Feedback (15 Minuten)

Schlussbemerkung: Je nach Themenfülle und Diskussionsbedarf sind eventuell mehrere Sitzungen des Sounding Boards erforderlich. Zwischen den Face-to-face Meetings haben sich Video- oder Telefonkonferenzen bewährt, um über den aktuellen Stand des Projektes zu informieren und Input zu einzelnen Themen und Fragen einzuholen.

## 12.5 Phase 4 – Roll-out

In Kapitel 8 wurde die eigentliche Umsetzung des Kulturwandels beschrieben. Für diesen zweistufigen Prozess, der mit den Führungskräften beginnt und dann mit dem Roll-out in alle Unternehmensteile fortgesetzt wird, gibt es mehrere Veranstaltungsformate.

Nachfolgend zunächst einige Beispiele für die Ebene der Führungskräfte.

### a) Großgruppenveranstaltungen mit Führungskräften (1. Kontaktpunkt)

Um möglichst schnell viele Führungskräfte in das Projekt Kulturwandel einzubinden, ist eine Großgruppenveranstaltung zielführend. Im Anschluss an diese Kick-Off Veranstaltungen finden Workshops mit kleineren Gruppen von Führungskräften statt.

**Rahmen**

- eintägige Veranstaltung (ggf. auch mehrtägig)
- Teilnehmer bis 300 Personen
- Top-Management nimmt teil
- Das inhaltliche Format folgt einem einheitlichen Grundschema, bietet aber dem jeweiligen Vorgesetzten die Chance, die praktische Vorgehensweise den Bedürfnissen seines Bereichs/seiner Gruppe anzupassen

**Ziele**

- Darstellung der Unternehmensziele und Strategien
- Vorstellung der neuen Unternehmenskultur (Werte, Leitlinien, erwartetes Verhalten) sowie des Kulturwandelprojektes
- Eingehen auf Bedenken und Befürchtungen
- Herausarbeiten der Chancen und Perspektiven
- Rolle der Führungskräfte während des Kulturwandels klären
- Jeder versteht, welchen Beitrag er /sie zum Kulturwandel leisten kann

**Ablauf**

- Vorstellung Agenda (15 Minuten)
- Präsentation „Unternehmensstrategie und neue Kultur" (1 Stunde)
    - Vorstellung der neuen Strategie
    - Kurze Präsentation der Kultur-Audit-Ergebnisse
    - Neue Kultur: Werte und Verhaltensweisen
    - Klärung von Verständnisfragen
- Pause (15 Minuten)

- Gruppenarbeit „Was bedeutet die neue Kultur für uns?" (1,5 Stunden)
    - Erarbeitung eines gemeinsamen Verständnisses der neuen Werte und der wesentlichen Herausforderungen, die durch die neue Kultur entstehen.
    - Einsatz verschiedener Methoden möglich:
        - Mini-Fallstudien
        - Lernbild
        - Fokusdiskussion
- Feedback aus den Arbeitsgruppen (1 Stunde)
    - Die wesentlichen Ergebnisse der Arbeitsgruppen sollten für die folgende Plenumsdiskussion gesammelt werden.
- Mittagessen (1 Stunde)
- Diskussion zwischen Teilnehmern und Management-Team (45 Minuten)
    - Die Mitglieder des Management-Teams nehmen zu den Ergebnissen der vorherigen Kleingruppenarbeit Stellung.
    - Q & A Session
- Gruppenarbeit „Wie setzen wir die neue Kultur um?" (1,5 Stunden)
    - Was bedeuten die Leitlinien/neuen Verhaltensweisen für uns?
    - Was müssen wir verändern?
    - Mit welchen Widerständen müssen wir rechnen?
    - Woran erkennen wir den Erfolg der Veränderung?
- Pause (15 Minuten)
- Feedback aus den Kleingruppen (45 Minuten)
    - Präsentation der wichtigsten Ergebnisse und Maßnahmen
    - Optional: Diskussion mit dem Management-Team
- Ausblick: Nächste Schritte und Veranstaltungen (15 Minuten)
    - Ankündigung der Follow-up-Veranstaltungen
    - Weitere Maßnahmen
- Abschließendes Feedback/Ende der Veranstaltung (15 Minuten)

### b) Workshop mit Führungskräften (2. Kontaktpunkt)

Im Kontext des unternehmensweiten Roll-outs werden Workshops mit den Führungskräften auf allen Organisationsebenen veranstaltet.

**Rahmen**

- Max. 15 bis 20 Teilnehmer
- Idealerweise stehen Vertreter des Top-Managements oder die unmittelbaren Vorgesetzten der Workshopteilnehmer (wenigstens zeitweilig) zur Verfügung.
- Dauer: eineinhalbtägige Workshops (idealerweise Off-Site)

**Ziele**

- Begründungszusammenhang herstellen (Wieso müssen wir uns ändern?!)
- Diskussion der neuen Kultur
- Chancen und Herausforderungen der Neuen Kultur
- Eingehen auf Bedenken, Sorgen, Widerstände
- Vorstellung des Roll-outs (Prozessübersicht)
- Rolle der Führungskraft im Roll –Out
- Vereinbarung konkreter Umsetzungsmaßnahmen
- Festlegung der nächsten Schritte

**Inhaltlicher Ablauf eines Kultur Workshops – Ein Beispiel**

**Tag 1 (halber Tag)**

- Begrüßung und Einführung in den Workshop (30 Minuten)
    - Workshopziele
    - Agenda
    - Evtl. Kennenlernen
    - Erwartungen der Teilnehmer
- Status quo Analyse (1,5 Stunden)
    - Vorstellung Unternehmensstrategie der nächsten Jahre (30 Minuten)
    - Wichtigste Ergebnisses des Kultur-Audits und Schlussfolgerungen (30 Minuten)
    - Vorstellung der neuen Kultur (30 Minuten)
- Kleingruppenarbeit zur Status quo Analyse (1,25 Stunden)
    - Welche Botschaften haben wir gehört?
    - Welche Chancen sehen wir, welche Bedenken, Widerstände gibt es?
    - Welches sind unsere größten Herausforderungen?
- Pause (15 Minuten)
- Präsentation und Diskussion (1 Stunde)
- Abschluss des ersten Tages/Erwartungsabgleich (30 Minuten)

- Gemeinsames Abendessen
- Kamingespräch
  - Ein Mitglied des Managements diskutiert gemeinsam mit den Teilnehmern die Ergebnisse des ersten Tages.

**Tag 2 (ganztägig)**

- Review des ersten Tages/Vorstellung Agenda Tag 2 (15 Minuten)
- Was bedeutet der Kulturwandel für die Führungskräfte und Mitarbeiter – Einführung (15 Minuten)
- Kleingruppenarbeit zur Bedeutung des Kulturwandels (1,25 Stunden)
  - Herausarbeiten der Chancen und Vorteile
  - Eingehen auf Bedenken, Vorbehalte, Widerstände
  - Benennen der zentralen Herausforderungen – Lösungsvorschläge
- Pause (15 Minuten)
- Präsentation und Diskussion (1 Stunde)
- Präsentation des Roll-out-Prozesses (30 Minuten)
  - Klärung von Verständnisfragen
  - Wie kann der Roll-out am besten in das Tagesgeschäft integriert werden?
- Gemeinsames Brainstorming: Wichtigste Herausforderungen
  - Welches sind die wichtigsten Themen, denen wir uns stellen müssen?
  - Liste der Themen/Priorisierung
  - Vorbereitung der Kleingruppenarbeit am Nachmittag
- Mittagessen (1 Stunde)
- Wichtigste Herausforderungen im Roll-out-Prozess (2 Stunden)
- Kleingruppenarbeit zu diversen Themen
  - Festlegung von Aktivitäten für die wichtigsten Themen
  - Aktionspläne (Was, Wer, Wann)
  - Diskussion
- Pause (15 Minuten)
- Vorstellung der Kommunikationsstrategie (45 Minuten)
  - Diskussion
- Abschluss der Veranstaltung (30 Minuten)
  - Nächste Schritte

## Einbindung der Mitarbeiter

### c) Großgruppenveranstaltung mit Mitarbeitern (1. Kontaktpunkt)

**Rahmen**

- eintägige Veranstaltung
- Teilnehmer bis 300 Personen
- Top-Management nimmt teil
- Das inhaltliche Format folgt einem einheitlichen Grundschema, bietet aber dem jeweiligen Vorgesetzten die Chance, die praktische Vorgehensweise den Bedürfnissen seines Bereichs/seiner Gruppe anzupassen

**Ziele**

- Darstellung der Unternehmensziele und Strategien
- Vorstellung der neuen Unternehmenskultur (Werte, Leitlinien, erwartetes Verhalten) und des Kulturwandelprojektes
- Eingehen auf Bedenken und Befürchtungen
- Herausarbeiten der Chancen und Perspektiven
- Motivation und Begeisterung schaffen
- Jeder versteht, welchen Beitrag er/sie zum Kulturwandel leisten kann

**Ablauf**

- Vorstellung Agenda (15 Minuten)
- Präsentation „Unternehmensstrategie und neue Kultur" (1 Stunde)
    - Vorstellung der neuen Strategie
    - Kurze Präsentation der Kultur-Audit-Ergebnisse
    - Neue Kultur: Werte und Verhaltensweisen
    - Klärung von Verständnisfragen
- Pause (15 Minuten)
- Gruppenarbeit „Was bedeutet die neue Kultur für uns?" (1,5 Stunden)
    - Erarbeitung eines gemeinsamen Verständnisses der neuen Werte und der wesentlichen Herausforderungen, die durch die neue Kultur entstehen.
    - Einsatz verschiedener Methoden möglich:
        - Lernbild
        - Mini-Fallstudien
        - Fokusgruppe

- Feedback aus den Arbeitsgruppen (1 Stunde)
  - Die wesentlichen Ergebnisse der Arbeitsgruppen sollten für die folgende Plenumsdiskussion gesammelt werden.
- Mittagessen (1 Stunde)
- Diskussion zwischen Teilnehmern und Management-Team (45 Minuten)
  - Die Mitglieder des Management-Teams nehmen zu den Ergebnissen der vorherigen Kleingruppenarbeit Stellung.
  - Q & A Session
- Gruppenarbeit „Wie setzen wir die neue Kultur um?" (1,5 Stunden)
  - Was bedeuten die Leitlinien/neuen Verhaltensweisen für uns?
  - Was müssen wir verändern?
  - Mit welchen Widerständen müssen wir rechnen?
  - Woran erkennen wir den Erfolg der Veränderung?
- Pause (15 Minuten)
- Feedback aus den Kleingruppen (45 Minuten)
  - Präsentation der wichtigsten Ergebnisse und Maßnahmen
  - Optional: Diskussion mit dem Management-Team
- Ausblick: Nächste Schritte und Veranstaltungen (15 Minuten)
  - Ankündigung der Follow-up Veranstaltungen
  - Weitere Maßnahmen
- Abschließendes Feedback/Ende der Veranstaltung (15 Minuten)

### d) Workshop (Mitarbeiter) (2. Kontaktpunkt)

Rahmen

- eintägige Veranstaltung
- Teilnehmer bis 15-20 Personen
- Idealerweise „echte" Teams, d. h., Gruppen, die auch tatsächlich zusammenarbeiten, also Abteilungen oder Prozessteams
- Vorgesetzter nimmt teil

Ziele

- Darstellung der Unternehmensziele und Strategien
- Vorstellung der neuen Unternehmenskultur (Werte, Leitlinien, erwartetes Verhalten)
- Eingehen auf Bedenken und Befürchtungen

- Herausarbeiten der Chancen und Perspektiven
- Erarbeitung konkreter Aktionspläne (alle Teilnehmer vereinbaren konkrete Aktivitäten mit einer genauen Definition der Aufgabe, der Zuständigkeit und des Zeitplans.)

**Ablauf**

- Vorstellung Agenda (15 Minuten)
- Präsentation „Unternehmensstrategie und neue Kultur" (1 Stunde)
    - Vorstellung der neuen Strategie
    - Kurze Präsentation der Kultur-Audit-Ergebnisse
    - Neue Kultur: Werte und Verhaltensweisen
    - Klärung von Verständnisfragen
- Pause (15 Minuten)
- Kleingruppenarbeit „Was bedeutet die neue Kultur für uns?" (1,25 Stunden)
    - Was bedeuten die Leitlinien/die neuen Verhaltensweisen für uns?
    - Was müssen wir verändern?
    - Woran messen wir den Erfolg der Veränderung?
- Präsentation und Diskussion (45 Minuten)
- Mittagessen (1 Stunde)
- Gemeinsames Brainstorming: Wir können wir die neue Kultur umsetzen? (45 Minuten)
    - Welches sind die wichtigsten Themen, denen wir uns stellen müssen?
    - Liste der Themen/Priorisierung
    - Vorbereitung der Kleingruppenarbeit
- Kleingruppenarbeit (1,25 Stunden)
    - Woran messen wir den Erfolg der Veränderung?
    - Erarbeitung von Aktionsplänen (Was, wer, wann)
    - Persönliches Commitment jedes Teilnehmers
- Pause (15 Minuten)
- Präsentation und Diskussion (45 Minuten)
- Wie geht es weiter im Roll-out-Prozesses – Überblick (30 Minuten)
- Nächste Schritte (15 Minuten)
- Ende der Veranstaltung und gemeinsame Verpflichtung (15 Minuten)

## e) Beispiel einer Follow-up-Veranstaltung Mitarbeiter (3. Kontaktpunkt)

**Rahmen**

- halbtägige Veranstaltung (3-4 Stunden)
- Teilnehmer bis 15 bis 20 Personen
- Idealerweise identische Teilnehmer wie im ersten Workshop
- Vorgesetzter nimmt teil
- Sollte spätestens sechs Monate nach dem ersten Workshop erfolgen

**Ziele**

- Überprüfung des bislang Erreichten: Was wurde erfolgreich umgesetzt? Wo besteht noch Handlungsbedarf?
- Review der Vorgehensweise: Wo ist der Kulturwandelprozess eventuell anzupassen?
- Erarbeitung der nächsten praktischen Schritte (Aktionsplan)

**Ablauf**

- Rückmeldung der Pulse Check Ergebnisse (15 Minuten)
- Fokusgruppe: Bestandsaufnahme (45 Minuten)
    - Erfahrungsaustausch über den bisherigen Prozess
    - Abgleich der in der vorherigen Veranstaltung vereinbarten Aktionspläne
    - Diskussion der Gründe für Erreichung/Nichterreichung der Ziele
- Fokusgruppe: Internes Benchmarking (45 Minuten)
    - Welche Best-Practice-Vorschläge gibt es?
    - Was können wir von anderen Bereichen lernen?
    - Wie können wir diese Erfolge in anderen Bereichen wiederholen?
- Fokusgruppe: Standortbestimmung (30 Minuten)
    - Wo stehen wir hinsichtlich der Umsetzung der neuen Verhaltensweisen?
    - Wo besteht noch Handlungsbedarf?
- Aktionsplan (45 Minuten)
    - (Was, wer, wann), persönliche Verantwortung
- Abschluss der Veranstaltung

## 12.6 Weitere Methoden (Roll-out)

**a) Erlebnisorientiertes Lernen**

Kulturveränderungen betreffen die Person oder eine Organisation in ihrem Selbstverständnis. Folglich müssen mehrere Ebenen angesprochen werden, kognitive, emotionale und verhaltensabhängige Aspekte. Um einen nachhaltigen Lernprozess, sei es auf individueller oder organisationaler Ebene, zu initiieren bzw. zu unterstützen, bedarf es eines methodisch flexiblen Ansatzes, der alle diese Ebenen gleichermaßen wirkungsvoll anspricht. Das *Erlebnisorientierte Lernen* bietet eben diese Möglichkeiten.

Ursprünglich wurde dieser pädagogische Ansatz in den USA in der Absicht entwickelt, ganzheitliche Erlebnisse zu vermitteln. Und genau hier besteht die methodische Verbindung zur Kulturveränderung. Die rein kognitive Vermittlung neuer Kulturanforderungen ist in vielen Fällen nicht ausreichend, ein echtes Aha-Erlebnis zu erzeugen. Mit anderen Worten, wer gesagt bekommt, er oder sie solle sich in Zukunft kundenorientierter verhalten, wird dies (sehr wahrscheinlich) „einsehen" und, wenn die Aufforderung mit praktischen Beispielen oder Hinweisen verbunden ist, entsprechend handeln.

Eine ganz andere Lern- oder Erfahrungsqualität stellt sich ein, wenn jemand *persönlich erlebt*, welche Reaktionen mangelnde Kundenorientierung beim Kunden auslöst und wie durch eine Verhaltensänderung eine neue Qualität der Kundenbeziehung entsteht. Diese Erfahrung kann Erlebnisorientiertes Lernen leisten.

**Tools/Übungen**

Es gibt eine Vielzahl von Ansätzen im Bereich Erlebnisorientiertes Lernen, die sich grob in zwei Kategorien unterteilen lassen: Indoor-Übungen und Outdoor-Übungen.

1. Indoor-Bereich

Hierunter fallen zahlreiche Individual- und Teamübungen, die sich sehr gut in Workshops und Meetings integrieren lassen. Zielgruppe für diese Übungen sind Teams oder Prozessgruppen. Der inhaltliche Schwerpunkt der Übungen liegt auf dem Bewusstmachen „typischer Einstellungs- und Verhaltensmuster", sowohl auf der individuellen als auch Gruppenebene. Indem diese Muster unmittelbar in Bezug gesetzt werden zu den aktuellen und zukünftigen Anforderungen, die an den Einzelnen, aber auch die gesamte Organisation gestellt werden, werden die zugrunde liegenden Einstellungen sowie die Verhaltensdiskrepanzen direkt erfahrbar gemacht.

Außerdem hat sich gezeigt, dass Übungen dieser Art auch Sachverhalte (Einstellungen und Verhaltensweisen) zutage fördern, die in einer nüchternen Arbeitsatmosphäre nicht ohne Weiteres angesprochen werden könnten. Erlebnisorientieres Lernen erzeugt somit einen „Lern- und Erfahrungskontext" außerhalb der normalen Büro- oder Arbeitsatmosphäre.

Eine Beschreibung der Übungen kann – naturgemäß – nur einen ungefähren Eindruck von der Macht der Erlebnisse wiedergeben. Die Beschreibung bleibt meistens sehr oberflächlich, man muss die Übungen erlebt haben. Deswegen an dieser Stelle nur der Hinweis: Der Material- bzw. Zeitaufwand für diese Übungen ist in aller Regel sehr gering. Die Übungen dauern inklusive Einweisung und abschließendem Debrief ca. eine Stunde und sind immer als didaktischer Unterbau für eine zielführende inhaltliche Diskussion gedacht. An dieser Stelle verweisen wir auf die Arbeit von Stephan K. Kaagan (1999), dessen Buch eine Fülle praktischer Übungsbeispiele liefert, die gezielt für Kulturveränderungen eingesetzt werden können.)

2. Outdoor-Bereich

Outdoor-Aktivitäten waren noch vor wenigen Jahren sehr in Mode. Mittlerweile scheint das Interesse an diesen Events etwas nachgelassen zu haben, auch wenn die exklusiveren Aktivitäten (z. B. Segeln, Extrembergtouren, Überlebenstraining) immer noch ihre Abnehmer finden.

Das geringere Interesse mag auch daran liegen, dass das rein sportliche oder physische Erlebnis zu stark im Vordergrund stand und die didaktischen Möglichkeiten der Outdoor-Erlebnisse im Hinblick auf Einstellungs- und Verhaltensänderungen nicht ausreichend genutzt wurden. Richtig angewendet geht es bei diesen Betätigungen nicht um einen Wettkampf, bei dem sich Einzelne auf Kosten der anderen Gruppenteilnehmer als besonders leistungsstark profilieren können. Vielmehr sollte das Gruppenerlebnis im Vordergrund stehen und dabei eben auch die zentrale Frage, welche Werte und Einstellungen brauchen wir im Team, damit wir mit den zukünftigen Anforderungen besser umgehen können. Damit sind wir wieder beim zentralen Thema, der Unternehmenskultur bzw. dem Kulturwandel.

Die Methode des Erlebnisorientierten Lernens bietet insbesondere im Outdoor-Bereich mannigfaltige Gestaltungsmöglichkeiten, um einen Einstellungs- und Verhaltenswandel effektiv anzustoßen. Naturgemäß sind die Aufwendungen für diese Art des Vorgehens deutlich größer als im Indoor-Bereich. Dafür gibt es eine Vielzahl von professionellen Anbietern zur Unterstützung ganzheitlicher Lernprozesse. Bei der Auswahl geeigneter Anbieter ist unbedingt auf die Qualität der didaktisch-inhaltlichen Betreuung zu achten.

Wer sich ausführlicher über dieses Thema informieren möchte, kann das umfangreiche Angebot einschlägiger Publikationen nutzen.

### b) Mini-Fallstudien

Bei den Mini-Fallstudien handelt es sich um kurzgefasste „Situationsbeschreibungen", die typische Einstellungen und Verhaltensweisen im Sinne der „alten Kultur" und den sich daraus ergebenden Konsequenzen (Probleme) darstellen. Gleichzeitig werden Handlungsoptionen im Sinne der neuen (erwarteten) Kultur aufgezeigt.

Mini-Fallstudien stellen eine effektive Methode dar, um anhand realistischer Fallbeispiele, die besonders kritische Merkmale der aktuellen Unternehmenskultur beschreiben,

- eine Diskussion über notwendige Einstellungs- und Verhaltensänderungen beim Einzelnen und dem Unternehmen als Ganzes zu führen,

- dadurch einen individuellen und kollektiven Lernprozess anzustoßen,
- und schließlich konkrete Maßnahmen für den Einzelnen oder die Gruppen unmittelbar daraus abzuleiten.

Mini-Fallstudien erweisen sich dann als besonders hilfreich, wenn bestimmte Themen (z. B. mangelnde bereichsübergreifende Zusammenarbeit) zum Gegenstand einer systematischen, unternehmensweiten Diskussion gemacht werden sollen.

### Entwicklung von Mini-Fallstudien

Die Analyse der Unternehmenskultur (siehe Kapitel 6) liefert eine Fülle von möglichen Themen.

- Die Problembeschreibung sollte in einer einfachen, leicht verständlichen Sprache abgefasst sein.
- Aus der Darstellung muss ersichtlich sein, dass es letztendlich um praktische Anstöße zu Verhaltensänderungen geht.
- Der Text der Mini Fallstudie sollte insgesamt nicht mehr als 2 DIN A 4 Seiten umfassen.

### Der Aufbau einer Mini Fallstudie

Situationsbeschreibung: Mit wenigen Worten wird ein typisches Problem des Kulturwandels beschrieben. Mögliche Beispiele handeln von Folgendem:

- Rollenkonflikten (Zuständigkeiten und Verantwortlichkeiten sind nicht ausreichend geklärt)
- Funktionalen Silos (die Zusammenarbeit zwischen verschiedenen Abteilungen funktioniert nicht; es bestehen Abschottungstendenzen)
- Widerstand gegen eine strategische Neuorientierung (die Notwendigkeit wird nicht eingesehen, schleppende Unterstützung)
- Unzureichende Kundenorientierung (Intern dominieren produkt- und technikorientierte Überlegungen, weniger die aktuellen Kundenbedürfnisse!)
- Generelle Angst vor Veränderung (und wie damit umgegangen werden kann!)

Wichtig: Auswahl und Beschreibung der Themen stellen einen unmittelbaren Bezug zur eigenen Unternehmenswirklichkeit her.

Beteiligte Akteure: Es wird genau dargelegt, welche Abteilungen/Personen involviert sind und welche nicht.

Rollen, Zuständigkeiten und Verhaltensweisen sind genau definiert.

Erwartete Kulturveränderung: Im Anschluss an die Problembeschreibung werden mehrere Handlungsalternativen zur Diskussion gestellt (unter anderem auch im Sinne der neuen Kultur).

### Anwendungsbereiche

Mini-Fallstudien lassen sich am sinnvollsten im Rahmen von Workshops einsetzen, wenn ausreichend Gelegenheit besteht, in Kleingruppen Lösungen oder Lösungsansätze zu entwickeln.

Aufgabe der Workshop Teilnehmer ist es, vor dem Hintergrund der definierten Ergebnisziele, zu erarbeiten,

- welche Barrieren (z. B. Einstellungen, Gewohnheiten) es eventuell zu überwinden gilt,
- welche Handlungsmöglichkeiten bestehen und am besten zur Problemlösung beitragen,
- welche praktischen Konsequenzen sich für jeden Einzelnen daraus ergeben,
- welche flankierenden Maßnahmen (z. B. Unterstützung) erforderlich sind.

### Praktisches Vorgehen

- Jeder Workshopteilnehmer liest zunächst den Text.
- Ein Moderator leitet dann die Diskussion anhand eines vorbereiteten Fragenkatalogs mit dem Ziel:
  - die problematischen Aspekte der aktuellen Kultur herauszuarbeiten
  - deutlich zu machen, welche Kulturmerkmale (z. B. Einstellungen, Normen, Verhalten) erhalten werden müssen und welche zu ändern sind.
  - für jeden Teilnehmer konkrete Aktionen abzuleiten.
- Dauer der Diskussion: ca. eine Stunde

## c) Lernbilder

Mitarbeiter und Führungskräfte lassen sich dann leichter für die Ziele eines Kulturwandels gewinnen, wenn sie verstehen:

- warum Veränderung notwendig ist,
- was von ihnen erwartet wird,
- welchen Beitrag sie dazu leisten können,
- dass sie den Kulturwandel mitgestalten können.

### Zielsetzung

Primäres Ziel ist es, mit Hilfe des Lernbildes eine Diskussion über die aktuelle Unternehmenskultur, ihre Stärken und Schwächen sowie den Veränderungsbedarf zu führen.

### Wie funktionieren Lernbilder?

Wer neue Wege gehen will, braucht eine Vision und Menschen, die diese begeistert umsetzen. Dazu ist es im ersten Schritt wichtig, die grundlegenden Ziele des Kulturwandels allen Beteiligten so zu vermitteln, dass der Funke überspringt, Identifikation erzeugt und

Weitere Methoden (Roll-out)

die Motivation gestärkt wird. Lernbilder unterstützen diesen Prozess: Anstatt komplexe Sachverhalte auf 30 bis 50 Powerpoint-Folien zu verteilen, wird die strategische Neuausrichtung in einem einzigen Lernbild veranschaulicht.

Die Bilder sind ein Startpunkt für weitergehende Diskussionen, insbesondere was den konkreten Veränderungsbedarf und praktische Umsetzungsschritte betrifft.

Außerdem gelingt es über Bilder weitaus besser, rationale/quantitative Aspekte (linke Gehirnhälfte) und visionäre/emotionale Aspekte (rechte Gehirnhälfte) miteinander zu verknüpfen. Dadurch entsteht ein „ganzheitliches Bild" der Unternehmenskultur.

**Abbildung 12.1:** Beispiel eines Lernbildes

Das Lernbild verweist auf typische Probleme in Unternehmen, wenn es um eine Veränderung der Kultur geht. Ganz offensichtlich gehen mehrere „Risse" durch das Unternehmen.

Generell mangelt es an der internen Abstimmung und Zusammenarbeit. Es existieren viele unterschiedliche „Spielwiesen" neben einander, ohne dass sich diese Aktivitäten zu einem einheitlichen Vorgehen gegenüber den Kunden aufaddieren würden. Im Gegenteil. Es ist auffallend, wie sehr die Organisation mit sich selbst beschäftigt ist und darüber den Kunden völlig aus den Augen verliert!

Auf der Vorstandsebene gibt es einen (vermeintlichen) Superhelden, der am liebsten alle Probleme alleine löst. Andere entwickeln – jeder für sich – ihre eigenen Aktivitäten, allerdings ohne erkennbare Abstimmung untereinander. Und wenn es irgendwo „brennt", wird das Problem schnell an die nächste Führungsebene weitergereicht.

Auch die Kommunikation zwischen Vorstand und Management ist lückenhaft. Machtkämpfe und Konkurrent dominieren das Verhalten auf dieser Führungsebene. Lediglich eine Managerin ist bestrebt, gemeinsam mit einem Mitarbeiter den Riss zwischen den Bereichen zu kitten.

Beim Gros der Mitarbeiter sieht es nicht viel besser aus. Während einige Mitarbeiter ihre Jobs verlieren, ertrinken andere in Arbeit. Und wer nicht mit dem Löschen akuter Brände beschäftigt ist, folgt stur seinen alten Routinen, ohne sich für das zu interessieren, was rechts und links passiert. Man verhält sich nach dem bekannten Muster: Nichts sehen, nichts hören, nichts sagen.

Und schließlich: Auch den Kunden dämmert es, dass im Unternehmen einiges unrund läuft. Die wenigen, kundenorientierten Mitarbeiter, reichen bei weitem nicht aus, um die vielfältigen Kundenerwartungen zu erfüllen.

Fazit: Lernbilder, die typische Situationen oder Verhaltensweisen in einem Unternehmen plastisch darstellen, bilden den Ausgangspunkt für eine systematische Diskussion darüber, welche Kultur im Unternehmen vorherrscht, welche Auswirkungen dies sowohl intern als auch extern hat und wo konkret der Hebel zur Veränderung angesetzt werden kann (oder muss).

**Vorteile dieser Methode**

- Die (dramatisierte) Darstellung lenkt den Blick auf die wesentlichen Kernthemen des Kulturwandels (Lernziele).
- Visualisierungen sind leichter zu verstehen als Texte und bleiben länger im Gedächtnis.
- Wichtig im Roll-out-Prozess: Es gibt einen einheitlichen thematischen Stimulus als Ausgangspunkt für Diskussionen.
- Lernbilder motivieren zur Diskussion, reizen zum Widerspruch. Und sie besitzen auch einen Unterhaltungswert.
- Lernbilder sind ein effektives Medium in einer von Bildern geprägten Medienlandschaft.
- Bilder sind interkulturell einsetzbar, denn sie sprechen eine allgemein verständliche Sprache.
- Durch die Visualisierung bleiben bis zu 70 Prozent der Inhalte in Erinnerung (Die Erinnerungsquote bei nur Lesen und Hören beträgt zwischen 20 und 30 Prozent)

### Erstellen des Lernbildes

Gemeinsam mit der Geschäftsleitung und diversen Stabsstellen (z. B. Personalabteilung, Strategieentwicklung) werden die Lernziele definiert. Iterativ nähert man sich mit immer detailreicheren Skizzen in einem Zeitraum von bis zu zwei Monaten dem finalen Lernbild. Am Ende steht eine ca. zwei mal einen Meter große Illustration. Bei Bedarf werden Experten einzelner Abteilungen hinzugezogen, die zusätzliche Detailinformationen liefern können.

### Anwendungsmöglichkeiten

Lernbilder eignen sich für Workshops, Meetings, aber auch für Großgruppenveranstaltungen.

Die Diskussion der Lernziele (Kulturwandel) basiert auf einem strukturierten Prozess, der von einem erfahrenen Moderator geleitet wird.

Lernbilder werden hauptsächlich in Gruppen von bis zu zehn Teilnehmern diskutiert. Hier wird die zwei mal einen Meter große Illustration auf einen Tisch gelegt. Nachdem sich alle einen ersten Überblick verschafft haben, führt der Moderator durch das Lernbild und regt durch gezielte Fragen die Diskussion an.

Nähere Informationen sind über info@lernbild.de zu erhalten.

## 12.7 Phase 5 - Sicherstellen der Nachhaltigkeit

Die Ausbildung der Führungskräfte stellt eine mitttel- und langfristig wirksame Möglichkeit dar, den Kulturwandel im Unternehmen zu verankern. Veränderung hat auch immer etwas mit Selbstwahrnehmung und Fremdwahrnehmung zu tun. In diesem Zusammenhang haben sich verschiedene Instrumente bewährt, die der Führungskraft konkrete Hinweise zu ihren (Führungs-)Kompetenzen und eventuellem Entwicklungsbedarf liefern.

### a) Persönlichkeitsprofile

Veränderungen der Kultur (der Einstellungen und des Verhaltens) setzen immer beim Individuum an. Wer sich also mit Veränderungen befassen muss, sollte zunächst einmal bei sich selbst anfangen. Das bedeutet: Wie ticke ich, was sind die grundlegenden Strukturen meiner Persönlichkeit und wie wirken sich diese auf die Art und Weise aus, wie ich mich meinen Führungsaufgaben stelle und mit Menschen umgehe?

Nun gibt es einige Persönlichkeitstools auf dem Markt, die gerade Führungskräften interessante Einblicke in ihre jeweiligen Präferenzen vermitteln, das heißt, Aussagen darüber machen, welche Eigenschaftsfelder man – den eigenen Angaben zufolge – stärker präferiert als andere. Die zugrunde liegende Hypothese geht davon aus, dass je stärker die Präferenz, desto größer auch die Wahrscheinlichkeit, dass man sich in diesem Bereich auch mehr und leichter engagiert, seine Fähigkeiten entwickelt und zur Geltung bringt. Umgekehrt gilt, dass man in Bereichen mit geringen Präferenzen möglicherweise weniger engagiert und effektiv ist. Speziell im Kontext des Kulturwandels ist die Frage opportun, wie gut die persönlichen Präferenzen und Führungsstile zu den Anforderungen der Arbeitswelt und den besonderen Erwartungen an Führungskräfte passen.

Die in Deutschland gebräuchlichsten Instrumente sind:

- Myers-Briggs-Typindikator (MBTI)
- Herrmann Brain Dominance Instrument (HBDI)
- DISC (Dominance, Influence, Steadiness, Conscientiousness)

Die Erkenntnisse der Persönlichkeitsinstrumente lassen sich – bei aller Unterschiedlichkeit in den theoretischen Annahmen und in der Modellstruktur – auf verschiedene Führungsthemen anwenden, die insbesondere bei Veränderungsprozessen von großer Relevanz sind, liefern sie doch der Führungsperson konkrete Hinweise über eventuellen Entwicklungsbedarf.

Zu den wichtigsten Handlungsbereichen gehören:

- Kommunikation
- Delegation
- Strategisches Denken
- Prozessorientierung
- Intuition und Kreativität
- Persönliche und soziale Kompetenzen

Was in der Unternehmenspraxis weite Verbreitung findet, ist in der wissenschaftlichen Literatur zum Teil umstritten. Ungeachtet der methodisch-inhaltlichen Detailkritik haben sich diese Instrumente in der Praxis als hilfreiche Startpunke für weiterführende Diskussion bewährt.

**Anwendungsgebiete**

Der praktische Einsatz dieser Persönlichkeitsinstrumente erfolgt in den unterschiedlichsten Bereichen, wie Einzel- und Teamcoaching und Teamentwicklung oder Arbeitseinstellungen. Die Grundannahme ist, dass eine zum Job passende Persönlichkeit langfristig einen höhere Arbeitszufriedenheit zeigt und damit auch bessere Arbeitsleistungen liefert. Ihr volles Potenzial entfalten diese Instrumente, wenn sie nicht auf Einzelanalysen beschränkt werden, sondern als Grundlage für die gemeinsame Diskussion in Teams oder Prozessgruppen herangezogen werden. Das setzt allerdings – bei allen Beteiligten – ein gewisses Maß an Offenheit und Lernbereitschaft voraus.

Letztendlich geht es nicht um absolut gültige Wahrheiten. Wenn ein strukturierter Reflexionsprozess angestoßen werden kann, der zu praktischen Einstellungs- und Verhaltensänderungen beim Einzelnen oder in Gruppen führt, ist unter Umständen schon sehr viel erreicht.

## b) 360-Grad-Feedback

360-Grad-Beurteilungen sind längst zum Standard in vielen Unternehmen geworden, um ihren Führungskräften umfassendes Feedback über entscheidende Aspekte ihres Führungsverhaltens zu geben.

Worum geht es bei 360-Grad-Beurteilungen?

Im Vordergrund steht zum einen die aktuelle Leistungsbewertung der Führungskraft, zum anderen die Identifikation von Entwicklungspotenzialen, um konkrete Maßnahmen zur Steigerung der Führungskompetenzen abzuleiten. Dieser letzte Aspekt ist besonders im Hinblick auf das Thema Kulturwandel von besonderer Relevanz. Mit dem 360-Grad-Feedback sollen traditionelle Defizite der Leistungsbeurteilung ausgeglichen werden, die zu einseitig auf die Beurteilung des jeweiligen Vorgesetzten abheben. Indem der Kreis der „Bewerter" auf die jeweiligen Referenzgruppen ausgedehnt wird, ist eine möglichst objektive und ausgewogene Einschätzung des Führungsverhaltens möglich.

**Abbildung 12.2:** Standard-Feedbackprozess versus 360-Grad-Feedback

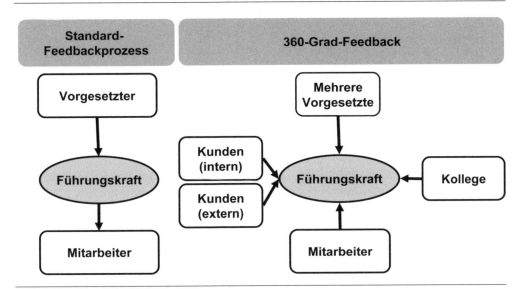

Ausgehend von dieser (anonymen) Einschätzung der Stärken und Schwächen durch andere Personen aus unterschiedlichen Bereichen können gezielt Entwicklungsmaßnahmen zur Leistungsverbesserung (und Karriereplanung) vereinbart werden. Letztendlich sollen dadurch auch die Motivation und Bereitschaft der Führungskraft zur Veränderung erhöht werden.

Im Kontext des Kulturwandels geht es beim 360-Grad-Feedback hauptsächlich um die Identifikation von Entwicklungspotenzialen, die dann gezielt im Hinblick auf den beabsichtigten Kulturwandel zu fördern sind.

Erfolgsfaktoren eines 360-Grad-Feedbacks

Für die erfolgreiche Anwendung lassen sich folgende Erfolgsfaktoren herausarbeiten:

- Man sollte nicht mit der Leistungsbewertung, sondern mit der persönlichen Entwicklung beginnen – oder zumindest beides trennen, weil das Instrument bei vielen Betroffenen Ängste auslösen kann, wenn sie nicht gewohnt sind, damit umzugehen.
- Am besten, das 360-Grad-Feedback wird erst einmal in einer kleinen, überschaubaren Abteilung durchgeführt, die für ein solches Experiment geeignet erscheint (wenn zum Beispiel ein offenes Klima existiert, weil damit eine Kulturänderung verbunden ist).
- Es geht nicht um Vergangenheitsbewältigung oder die „Verurteilung" von Mitarbeitern, sondern um die Verwirklichung klarer Ziele des Unternehmens, die für jeden nachvollziehbar sind.
- Die Auskunftgebenden sollten in die Handhabung des Fragebogens eingewiesen werden. Ohne ein gewisses Maß an gegenseitigem Vertrauen sind verlässliche Daten nur schwer zu erhalten.
- Die Berichte, die meist in Form statistischer Auswertungen automatisch erstellt werden, müssen unbedingt erläutert, in den persönlichen Entwicklungsplan integriert und mit dem Vorgesetzten abgestimmt werden.
- Man sollte ein 360-Grad-Feedback nicht in Krisenzeiten einführen, wenn zum Beispiel Entlassungen oder Umstrukturierungen anstehen. Dadurch werden unnötig Ängste oder Vorbehalte geweckt.

Wer mehr über Inhalt und Durchführung des 360-Grad-Feedbacks erfahren möchte, kann auf das umfangreiche Angebot diverser professioneller Anbieter zurückgreifen.

## 12.8 Übersicht Phasen und Tools

| Phase | Methode/Tools | Seite |
|---|---|---|
| Vorbereitung | 1. Briefing-Dokument | 136 |
| | 2. Pitching-Dokument | 141 |
| | 3. Kommunikationsaudit | 123 |
| Analyse | 1. Kategorien der Kontextanalyse (Unternehmensumfeld) | 148 |
| | 2. Themenkatalog persönliche Interviews | 148 |
| | 3. Vorlage: Einladung für persönliche Gespräche | 150 |
| | 4. Fokusgruppe | 150 |
| | a) Moderationsvorschlag | 150 |
| | b) Themenkatalog | 151 |
| | 1. Quantitative Befragung | 151 |
| | a) Fragebogen | 151 |
| | 6. Management Review Meeting Kultur-Audit | 153 |
| Konzeption | 1. Workshop Reality Check | 154 |
| Roll-out | 1. Einbindung der Führungskräfte | 157 |
| | a) Ablauf Großgruppenveranstaltung | 157 |
| | b) Ablauf Workshop | 158 |
| | 2. Einbindung der Mitarbeiter | 161 |
| | a) Ablauf Großgruppenveranstaltung | 161 |
| | b) Ablauf Workshop (2. Kontaktpunkt) | 162 |
| | c) Ablauf Follow-up (3. Kontaktpunkt) | 164 |
| | 3. Zusätzliche Methoden | 165 |
| | a) Erlebnisorientiertes Lernen | 165 |
| | b) Mini-Fallstudien | 166 |
| | c) Lernbilder | 168 |
| Nachhaltigkeit | 1. Kurzfristige Instrumente | 116 |
| | a) Pulse Check | 117 |
| | 2. Mittelfristige Instrumente | 119 |
| | a) Zielvereinbarungen | 119 |
| | b) Balanced Scorecard | 119 |
| | 3. Langfristige Instrumente | 119 |
| | a) Persönlichkeitsprofile | 171 |
| | b) 360-Grad-Feedback | 173 |

# Abbildungsverzeichnis

| | | |
|---|---|---|
| Abbildung 1.1: | Die Kulturpyramide | 17 |
| Abbildung 1.2: | Unternehmenswerte im Vergleich | 18 |
| Abbildung 2.1: | Externe und interne Anforderungen an die Unternehmenskultur | 34 |
| Abbildung 2.2: | Die Phasen eines Veränderungsprozesses | 41 |
| Abbildung 2.3: | Der organisationale Lernprozess | 44 |
| Abbildung 3.1: | Kognitive Anforderungen an Führungskräfte im Veränderungsprozess | 53 |
| Abbildung 3.2: | Operative Anforderungen an Führungskräfte im Veränderungsprozess | 57 |
| Abbildung 3.3: | Kognitive und operative Anforderungen im Überblick | 61 |
| Abbildung 4.1: | Der Kulturwandelprozess im Überblick | 63 |
| Abbildung 5.1: | Die Phase der Vorbereitung im Überblick | 67 |
| Abbildung 6.1: | Die Analysephase im Überblick | 77 |
| Abbildung 6.2: | Die Kulturanalyse im Überblick | 81 |
| Abbildung 7.1: | Der Prozess der „Culture-to-be"-Entwicklung | 90 |
| Abbildung 8.1: | Die Roll-out-Kaskade | 101 |
| Abbildung 8.2: | Der Roll-out-Prozess im Überblick | 103 |
| Abbildung 8.3: | Die Roll-out-Kaskade im Zeitverlauf | 107 |
| Abbildung 9.1: | Kulturelle Entwicklung im Zeitverlauf | 115 |
| Abbildung 12.1: | Beispiel eines Lernbildes | 169 |
| Abbildung 12.2: | Standard-Feedbackprozess versus 360-Grad-Feedback | 173 |

# Literatur

[1] Cherniss C. (1998): Bringing emotional intelligence to the workplace. http://www.competencyinternational.com/Bringing_EI_to_the_Workplace.pdf (letzter Zugriff: 2.12.2009).
[2] Chhokar, J. S., Brodbeck, F. C., House, R. J. (Hrsg.) (2007): Culture and Leadership Across the World: The GLOBE Book of In-Depth Studies of 25 Societies. Lawrence Erlbaum Associates. New Jersey.
[3] Collins J. C. Porras J.I. (1994): Built To Last: Successful Habits of Visionary Companies. Harper-Business. New York.
[4] Cross, R., Parker, A. (2004) The Hidden Power of Social Networks, Harvard Business School Press, Cambridge (MA).
[5] Deetz, S., Tracy, S. J. & Simpson, J. L. (2000): Leading Organizations Through Transition: Communication and Cultural Change.: Sage Publications, Thousand Oaks.
[6] Denison D. (2006): Proving the Link: ROA, Sales Growth, Market to Book. In: Research Notes: 4.
[7] Goleman D., Boyatzis RE, McKee A. (2002): Primal Leadership. Audio Renaissance. Los Angeles.
[8] Grosse-Hornke S., Gurk S. (2009): Unternehmenskultur bei Fusionen – auch aus Kundensicht relevant? In: M&A Review 11:486-92.
[9] Heifetz R. A. (1994): Leadership Without Easy Answers. Harvard University Press. Cambridge (Mass.).
[10] Hofstede, G. (2001): Culture's Consequences: Comparing Values, Behaviors, Institutions and Organizations Across Nations. Sage Publications. Thousand Oaks (CA).
[11] Hofstede G., Hofstede G. J. (2005): Cultures and Organizations: Software of the Mind. McGraw-Hill. New York.
[12] Kaagan, S. S. (1999): Leadership Games: Experiential Learning For Organizational Development. Sage Publications. Thousand Oaks.
[13] Kotter J . P., Heskett J. L. (1992): Corporate Culture and Performance. The Free Press. New York.
[14] Kruse P. (2004): Next Practice. Erfolgreiches Management von Instabilität. GABAL-Verlag. Offenbach.
[15] Kübler-Ross, E. (1969): On Death and Dying. Macmillan. New York.
[16] Mallikarjunappa T., Nayak P. (2007): Why Do Mergers and Acquisitions Quite Often Fail? In: AIMS International Journal of Management 1:53-69.
[17] Norris M. (2008): Change Agents. In: Chain Leader 13:44.
[18] Peters T. J. (1992): Liberation Management: Necessary Disorganization for the Nanosecond Nineties. A.A. Knopf. New York.
[19] Peters T. J., Waterman R. H. (1982): In Search of Excellence: Lessons from America's Best-Run Companies. Harper & Row. New York.
[20] Plotz P. (1999): Die beschleunigte Gesellschaft. Kindler Verlag. München.
[21] Roberts B., Jarvenpaa S., Baxley C. (2003): Evolving at the Speed of Change: Mastering Change Readiness at Motorola's Semiconductor Products Sector. In: MIS Quarterly Executive 2: 58-73.
[22] Rosa H. (2008): Beschleunigung: Die Veränderung der Zeitstrukturen in der Moderne. Suhrkamp. Frankfurt.
[23] Sackmann S. (2002): Unternehmenskultur. Luchterhand. Köln.
[24] Schein E. H. (2004): Organizational Culture and Leadership. Jossey –Bass. San Francisco.
[25] Schwartz J. (2008): Report on Columbia Details How Astronauts Died. In: New York Times. http://www.nytimes.com/2008/12/31/science/space/31NASA.html (letzter Zugriff: 2.12.2009)
[26] Sumantran V. (2004): Accelerating Product Development in the Automobile Industry. In: International Journal of Manufacturing Technology and Management. 6:361-371.
[27] Trompenaars F., Prud'homme P. (2004): Managing Change Across Corporate Cultures Capstone Publishing. Capstone Publishing Ltd. Chichester.
[28] Vasella D. (1999): Can this Merger be Saved? In: Harvard Business Review. Jan-Feb 1999.

[29] Vlasic B., Stertz B. A. (2001): Taken for a Ride: How Daimler-Benz Drove Off With Chrysler. Harper Collins Publishers. New York.
[30] Weber R. A., Camerer C. F. (2003): Cultural Conflict and Merger Failure: An Experimental Approach. In: Management Science 49:400-15.

# Stichwortverzeichnis

**A**.T. Kearney 21

80/20-Lösungen 60

Adaption 29

Aktionspläne 116

Alignment 37, 38

Annahmen 19

Anpassungslernen 29

Anreiz- und Belohnungssysteme 38

Ausbrechen 29

**B**alanced Scorecard 119

*Baxley, C.* 28

Benchmarks 84

Beratungsfirma 67

Bereichsegoismus 24, 36, 38

Beschleunigung 27

Betriebsrat 83

Beziehungsmanagement 58

Blitzlicht 118

Bonus- und Anreizsysteme 120

Bonussysteme 47

Brain Drain 22

Briefing-Dokument 136

*Brodbeck, F. C.* 38, 54

Businesskontext 56

**C**amerer, C. F. 22

Cerberus 22

Change Community 70, 104, 112

*Cherniss, C.* 55

*Chhokar, J. S.* 38, 54

*Collins, James C.* 20

Columbia 23

Competitive Intelligence 35

*Cross, R.* 36, 37

Customer Days 134

**D**aimler-Benz 22

DaimlerChrysler 22

Datenerhebung 81

*Denison, Daniel* 21

Dialog 39

Diversität 35, 38

360-Grad-Feedback 173

**E***aton, Robert* 22

emotionale Hürde 106

emotionale Identifikation 46, 59

emotionale Kompetenz 54

Erhebungsinstrumente 88

erlebnisorientiertes Lernen 102, 165

externe Netzwerke 135

**F**inanzkrise 28

Fokusgruppen 82

Follow-up-Veranstaltung Mitarbeiter 164

Fragebogen 85

Frühwarnsystem 118

Führungskräfteentwicklungs- programme 47, 120

Funktionen einer Unternehmenskultur 15


**G**ap Analyse 86

Globalisierung 28

GLOBE 54

GLOBE-Studie 38

*Goleman, Daniel* 54

*Grosse-Hornke, Silke* 21

Großgruppenveranstaltungen 105, 157, 161

Großveranstaltungen 112

Gruppendynamik 82

*Gurk, Sabrina* 21


**H**albtägige Workshops 106

*Heskett, James L.* 20

*Hofstede, Geert* 16

*House, R. J.* 38, 54

Hypotheseninventar 78


**I**BM 33

Incentivierung 24

individuelle Commitments 116

individuelle Zielvereinbarungen 119

Indoor 165

Innovationsfähigkeit 37

Innovationspotenzial 37

interne Netzwerke 135

Intranet 126


**J**arvenpaa, *S.* 28

Jobrotation 135


**K**aagan, *Stephan K.* 166

Kernbotschaften 111

Know-how-Transfer 71

Kommunikationsaudit 123

Kommunikationsmanagement 57

Kommunikationsplan 128

Kommunikationsstrategie 66, 123

Komplexität 28

Konfliktfähigkeit 24

Konfliktmanagement 27

Kontaktpunkte 102

Kontextanalyse 77, 148

*Kotter, John P.* 20

*Kübler-Ross, Elisabeth* 40

Kultur-Audit 74, 77

kultureller Rückfall 115

Kulturexpertise 72

Kulturpyramide 17

Kulturverständnis 55

Kundenorientierung 21, 45

Kundenverständnis 24

**L**eader 51

Leistungsanreize 47

Leitlinien 18

Lernbarrieren 48

Lernbilder 168

Lernfähigkeit 31

Lernprozess 42

Linienmanager 96

**M**akrotrends 27

*Mallikarjunappa, T.* 21

Management Review 77, 86

Management-Team 94

Mentoring-Programme 135

Mindsets 56

Mini-Fallstudien 166

Mission Statement 110

Mitgestaltung 40

Moderation der Fokusgruppen 150

**N**achhaltigkeit 65, 115

Nachverfolgung 116

NASA 23

*Nayak, Panduranga* 21

Networking 36, 38, 113

Netzwerkanalysen 36

non-direktive Explorationen 82

Normen 18

„Not invented here"-Syndrom 37

Null-Messung 79

**O**ff-Site 94

On-Boarding 110

operative Kompetenzen 57

Outdoor 166

**P**aradigmenwechsel 30, 31, 52

*Parker, A.* 36, 37

Performance-Management 119

Personalabteilung 83

Personalentwicklung 119

persönliche Kompetenzen 54

Persönlichkeitsprofile 171

*Peters, Tom* 20

Pilotierung 84

Pilotphase 107

Pitching-Dokument 141

*Porras, Jerry I.* 20

Problembewusstsein 30

Projekt-Office 68

Projektteam 67, 68, 127

Prozessmanagement 59

Pulse Check 117, 118

**Q**ualitative Befragungen 81

quantitative Befragungen 82

Quick Wins 40, 47, 117

**R**ationalisierung 41

Reaktionsmuster 28

Reality Check 95, 154

Refresher 107, 112

Restrukturierung 25

Roadmap 98

*Roberts, B.* 28

Roll-out 65

*Rosa, Hartmut* 28

**S**ackmann, *Sonja* 16

Sandwich-Position 51

*Schein, Edgar H.* 16, 19

*Schrempp, Jürgen* 22

*Schwartz, J.* 23

Screening 120

*Senge, Peter* 54

Sensibilität 24, 35, 38

Silo-Denken 35

Sounding Board 69

soziale Kompetenzen 54

soziale Netzwerke 36

Stakeholder 83

standardisierter Fragebogen 151

Start-up 37

Steering Committee 67

*Stertz, B. A.* 22

Stichprobe 83

**T**elefonische Interviews 82

Think Tanks 135

Toolbox 93

Top-down-Approach 43

Top-Management 60

Turn-around 23

**U**mfeldfaktoren 64

Umsetzungsprozess 91

Unternehmensvision 17

**V**asella, *Daniel* 22

Veränderungsdynamik 110

Veränderungskurve 42

Veränderungsmüdigkeit 53

Veränderungstempo 42

Veränderungsziele 39

Stichwortverzeichnis

Verhaltensebene 34
Verhaltensweisen 19
Videotrailer 126
*Vlasic, B.* 22
VW 45

**W**al Mart 33
*Waterman, Robert* 20
*Weber, R. A.* 22

weiche Faktoren 15, 30
Werte 17
Wertebasis 91
Werteebene 34
Wertekanon 37
Wertschätzung 59
Wirtschaftskrise 28
Wissensvielfalt 36
Workshops 106, 158, 162

# Die Autoren

**Dr. Norbert Homma** ist geschäftsführender Gesellschafter der bpc GmbH sowie Partner der bpcUSA und seit über 20 Jahren im Bereich Organisations- und Managementberatung tätig. Schwerpunktthemen sind Veränderungsmanagement (Post-Merger-Integration, Kulturwandel, Strategieimplementierung) sowie Führungskräfte- und Mitarbeiterentwicklung. Außerdem unterrichtet er an der GISMA Business School in Hannover (Managing Corporate Change) und im Executive MBA Programm (Cross-Cultural Leadership) der Krannert Business School (Purdue University, USA).

**Rafael Bauschke** (M.A.) ist seit 2006 Consultant bei der bpc GmbH. Sein Beratungsschwerpunkt liegt in den Bereichen Veränderungsmanagement, Kulturveränderungen und Strategieimplementierung insbesondere in der chemischen und pharmazeutischen Industrie. Im Rahmen seiner wissenschaftlichen Tätigkeit beschäftigt er sich mit der Reformfähigkeit und -tätigkeit politischer Systeme sowie europäischer Gesundheitspolitik. Derzeit promoviert er an der Universität Heidelberg über die Effektivität der europäischen Regulierung der pharmazeutischen Industrie.

**Kontaktdaten:**

www.bpc-consulting.de

info@bpc-consulting.de

# Mitarbeiter erfolgreich führen
↗

## Von der Natur für die Führungspraxis lernen

Mit Erkenntnissen der Evolutionsbiologie die „weichen" Verhaltensfaktoren wie Sympathie, persönliches Kennen und gegenseitiges Vertrauen mit den „harten" sozialen Regeln des Handelns erfolgbringend verschränken.

Klaus Dehner
**Die Bindungsformel**
Wie Sie die Naturgesetze des gemeinsamen Handelns erfolgreich anwenden
2010. 192 S.
Geb. EUR 39,90
ISBN 978-3-8349-1393-7

## Mit verändertem Denken Leistungsniveau steigern

Ein Praxisratgeber, der Führungskräfte pragmatisch dabei unterstützt, Talent-Management, also Personalführung und -entwicklung, professionell in ihren Alltag zu integrieren. Durch die sehr praxisorientierte Herangehensweise, die auf über 10 Jahren Coaching-Erfahrung mit Führungskräften beruht, sowie eine Reihe realer Praxisfälle erhält der Leser erprobte Ansätze, wie er seine eigenen Denk- und Verhaltensmuster verändern kann, um seiner Verantwortung als Talent-Manager besser gerecht zu werden und seine Attraktivität als Arbeitgeber ebenso wie das Leistungsniveau in seinem Bereich zu steigern.

Jochen Gabrisch
**Die Besten managen**
Erfolgreiches Talent-Management im Führungsalltag
Mit zahlreichen Beispielen aus der Coaching-Praxis
2010. 237 S. mit 32 Abb.
Br. EUR 34,95
ISBN 978-3-8349-1872-7

## Worauf es beim Führen wirklich ankommt

Was zeichnet gute Führung aus? Welche Führungsansätze sind wichtig und praxisnah? Daniel F. Pinnow, Geschäftsführer der renommierten Akademie für Führungskräfte, zeigt in diesem Kompendium, worauf es wirklich ankommt.

Daniel F. Pinnow
**Führen**
Worauf es wirklich ankommt
4. Aufl. 2009. 321 S.
Geb. EUR 42,00
ISBN 978-3-8349-1753-9

Änderungen vorbehalten. Stand: Februar 2010.
Erhältlich im Buchhandel oder beim Verlag
Gabler Verlag . Abraham-Lincoln-Str. 46 . 65189 Wiesbaden . www.gabler.de